家賃収入×節税効果で

手取り額を確実に増やす方法

不動産投資の最適解

The best solution
for real estate investment

大石啓太 Oishi Keita

パノラボ

はじめに

「仕事に追われる日々を送ってきたが、将来への不安は募るばかり。このまま会社員として働き続けて、本当に安心できる老後は築けるのだろうか――」

残業や休日出勤をこなし、プライベートの時間を削りながら必死で成果を上げてきたものの、手元に残る金額は思ったほど増えていない……多くの働く人々がそんな現実に直面しています。

特に、今管理職として活躍している人たちは、厳しい状況に置かれています。上司からは厳しい数値目標を求められ、後輩たちの育成という責任も背負いながら、日々奮闘……そんな努力の結果、昇給や賞与で収入が増えても、その多くが税金に持っていかれてしまう。これでは、頑張れば頑張るほど虚しさが募るばかりです。

しかも、今の時代は従来のような年功序列に基づく昇給システムが通用しなくなりつつあり、またトヨタ自動車の豊田章男会長も示唆したように、もはや終身雇用という安心感は保証されない時代となっています。急速な物価上昇によって生活費や住宅費、教育費などの負担が増し、さらに、少子高齢化が進み、年金制度の維持が懸念される中、一生懸命働いて積み上げてきた将来への見通しと約束されていたはずの安定した人生設計が、今、根底から覆されようとしているのです。

このような理不尽ともいえる状況を打開する一つの有効な選択肢として、私は不動産投資を提案したいと思います。私自身が初めて不動産業界に足を踏み入れたのは、20代前半の頃でした。未知の世界に飛び込み、不安もありましたが、目の前のお客様に真摯に向き合い、一つひとつの経験を積み重ねてきました。それから10年以上の月日が流れ、手掛けた物件の数は５００をゆうに超え、今では不動産会社の代表を任される立場にまでなりました。

この業界に身を置いて痛感するのは、不動産投資に関する情報があまりにも氾濫しているという現実です。アパート経営、民泊、海外不動産、駐車場……。さまざまな投資手法が次々と紹介され、それぞれの投資手法について、業者や専門家らが「これがベスト」と主張しています。

さらに「サラリーマンのための不動産投資」という観点においても、数多くの選択肢や手法が語られており、何が正解なのか分からないというのが、多くの人の本音ではないでしょうか。

しかし、多くのサラリーマン投資家と向き合ってきた私の経験から確信を持って言えることがあります。それは、東京の中古区分マンションに投資する、しかも複数購入することでリスクを分散する手法こそが、給与所得者の方にとって最も理にかなった確実で安定的な不動産投資の形だということです。

中古区分マンション投資の魅力は多岐にわたります。例えば、家賃収入という安定したキャッシュフロー、団体信用保険(団信)を活用した生命保険としての保障効果、そして実物資産を持つことによる確かな安心感。これほど多面的なメリットと強みを持つ投資手段は、他に類を見ないと言えるでしょう。

特に注目していただきたいのは、税務面での大きなメリットです。給与所得者にとって、増え続ける税負担は避けられない悩みの種。しかし、中古区分マンションへの投資は、その問題を効果的に解決してくれます。減価償却費などの経費計上により課税所得を適切に調整することで、所得税や住民税の負担を大幅に軽減することが可能なのです。この仕組みをうまく活用すれば、努力して得た収入をより多く手元に残し、資産形成を加速させることができるでしょう。

本書では、私が実際にサポートしてきた数々の不動産投資の成功事例を基に、なぜ東京の中古区分マンション投資が最適解なのか、そしてどのように実践していけばいいのかを、具体的にお伝えしていきます。

人生１００年時代と言われる今、資産形成の重要性は年々高まっています。そんな中で、不動産投資という選択肢を見過ごすのは、あまりにも「もったいない」と私は考えています。本書を通じて、その可能性の扉を、一人でも多くの方に開いていただければ幸いです。

不動産投資の最適解　家賃収入×節税効果で手取り額を確実に増やす方法　目次

第1章 資産形成を考える余裕がない働き盛り世代

第2章 これだけは押さえたい、不動産投資の基本

第3章 収益を最大化する物件選びのコツ

第4章

不動産投資が会社員の税金対策になる理由

第5章 収益を最大化する、買った〝後〟の運営術

第6章

不動産投資で節税と資産形成を同時にかなえる！

第1章

資産形成を考える余裕がない働き盛り世代

この数年で世界と日本は大きく変わった

最近、何だか社会と時代の変化が激しいような気がする……。今、そんなことを感じている人が増えているのではないでしょうか。私自身も、テレビやネットから流れるニュースに日々触れる中で、世界が、そして日本が今、大きく揺れ動いているように感じてならないのです。

実際、この数年で世界、そして日本を取り巻く状況は大きく変わりました。２０２０年初頭からの新型コロナウイルスのパンデミックに始まり、２０２２年のロシアによるウクライナ侵攻、そして２０２３年以降の中東における紛争の激化など、世界は新たに地政学的な緊張の時代に突入しています。これらの出来事は、エネルギー価格や食料価格の高騰を引き起こし、私たちの生活にも大きな影を落としています。

また、アメリカにおける民主党と共和党の対立は、単なる政策論争を超えて、社会の価値観を二分するまでに深刻化しており、この分断は日米同盟や貿易関係を通じて日本経済にも直接的な影響を与えています。特に、アメリカは日本の安全保障の要であり、貿易相手国の一つでもあるため、トランプ大統領の政策動向は、私たちの暮らしや雇用、さらには円相場にまで波及する可能性があります。

またアジアに目を転じると、台湾を巡る緊張関係の高まりは、世界の平和と経済にとって新たなリスク要因となっています。台湾は半導体産業の世界的な中心地であり、この地域での紛争は世界のサプライチェーンに甚大な影響を及ぼす可能性があるでしょう。また、韓国においても与野党の政治的な対立が続いており、北東アジア地域全体の不安定要因となっています。

年金の受給額は減り、受給開始年齢は上がる

世界情勢が目まぐるしく変化し、不確実性が増す中で、多くの日本人が将来への漠然と

した不安を抱えています。特に40代になると、定年後の生活設計について真剣に考え始める方が増えてきます。「貯蓄や退職金だけで本当に安心して老後を迎えられるのだろうか」「年金制度は将来も十分機能し、支えになってくれるのだろうか」といった不安は、今や多くの人々にとって共通の悩みとなっています。

その中でも、特に年金制度についての懸念は深刻です。日本が直面する少子高齢化という人口動態の現実を考えれば、現行の年金制度に楽観的でいるのは難しいと言わざるを得ません。日本の年金制度は「世代間扶養」という仕組み、つまり現役世代が高齢者を支える構造を基本としています。しかし、急速に進む少子化と高齢化により、この仕組みそのものが大きな課題に直面しています。

厚生労働省の人口推計によれば、65歳以上の高齢者が総人口に占める割合（高齢化率）は、２００５年に20%を超え、その後も上昇を続けています。このまま推移すると、２０３５年には約三人に一人が高齢者という社会が到来すると予測されています。また生産年齢人口の減少による労働力不足は、経済成長率の低下を引き起こしており、現役世代の社会保障負担は年々増加傾向にあります。

これらの課題に対応するため、政府は年金支給開始年齢の段階的な引[illegible]高所得者の年金給付額の見直し、被保険者の範囲の見直し、保険料負担の適正化など、さまざまな施策を実施・検討しています。また、従来の「賦課方式」から「積立方式」への移行を含む制度改革の議論も活発化しており、年金制度全体が大きな転換点を迎えています。

こうした社会的な動きがある一方で、私たち一人ひとりに求められるのは、公的年金だけに頼らない自立した老後の生活設計です。個人年金や資産形成といった「自助努力」の重要性は、これまで以上に高まっています。特に、将来を見据えた長期的な視点での資産形成戦略の構築が、安定した老後を実現するためには不可欠です。

社会保障制度を持続可能なものとしつつ、個人レベルでの備えを着実に進めていくことが、これからの時代を生きる私たちに求められているのです。

インフレが加速する中で変わらない給与水準

周知のように、今、世界的なエネルギー価格の高騰や円安を背景にインフレが急速な勢いで進んでいます。毎日の仕事や生活の中でデフレの頃にはなかった急速な物価上昇を体感している人も多いはずです。

オフィス街の飲食店では、これまで1000円前後だった定食が1200円を超え、コンビニの弁当も軒並み値上がりしています。さらに、通勤定期代や光熱費の上昇も、固定支出の増加につながっています。平日の昼食代を例にとると、従来の月額2万円程度の予算では足りなくなり、多くの会社員が弁当持参を増やすなど、支出の見直しを迫られています。

私も趣味でゴルフをするのですが、ゴルフ場でのランチは元々割高な価格設定なのに、最近ではさらに値上がりしていて閉口させられています。休日の楽しみのはずが、価格上昇のストレスを感じる機会になってしまうのは残念なことです。

このように、私たちの生活のあらゆる場面で物価上昇の波が押し寄せていますが、国際的に見ると、日本の物価はまだ比較的低い水準にあるといえるかもしれません。

2024年7月時点のデータによると、ビッグマックの価格が最も高い国はスイスで、当時のレートで日本円にすると1個当たり約1214円でした。次いでウルグアイが約1064円、ノルウェーが約1018円となっています。一方、日本のビッグマックの価

〈図1〉世界各国のビッグマック指数

順位	名称	価格（円）	価格（USドル）
1	スイス	1,214	8.07
2	ウルグアイ	1,064	7.07
3	ノルウェー	1,018	6.77
4	アルゼンチン	985	6.55
5	ユーロ圏	912	6.06
6	イギリス	887	5.90
7	アメリカ	856	5.69
8	デンマーク	851	5.66
9	コスタリカ	846	5.62
10	スウェーデン	842	5.60
44	日本	**480**	**3.19**

※2024年7月時点のデータ（1ドル＝150.46円）　出典：The Economist

格は約480円で、アメリカの約856円と比較しても、その差は非常に大きいことがわかります。この価格差は、日本企業が長年にわたって価格転嫁を抑えてきた努力の結果でもありますが、近年の円安進行や原材料費の高騰を考えると、日本でもさらなる値上げが避けられない状況になるかもしれません。

実際、2024年12月の消費者物価指数（CPI）は前年同月比でプラス2・4％となっており、物価の上昇傾向は今後も続きそうです。一度上がった価格が下がることは少なく、多くの人々が支出を見直し、より慎重な家計運営を強いられています。特に、年金生活者や非正規雇用で働く人たちにとって、収入が増えない中での物価上昇は深刻な問題となっています。

この状況を改善するためには、物価の安定化とともに、賃金の上昇が強く求められるはずです。しかし、現実は厳しい状況が続いています。大手企業を中心に賃上げの動きが報じられていますが、これは一部の企業に限られており、多くの労働者の給与水準は物価上昇に追い付いていないのが実態です。名目賃金（実際の給与額）は増加傾向にあるものの実質賃金（物価変動の影響を除いた賃金）はマイナス傾向が続いており、ほとんどのサラリーマンが「収入が物価上昇に追い付いていない」と強く感じているのではないでしょうか。

このまま物価上昇が続き、給与が据え置かれる状況が続けば、多くの人々が、これからも続く可能性のあるインフレに備えて、より慎重な家計管理を余儀なくされるでしょう。特に、食費や光熱費といった基礎的な支出の見直しは避けられず、これまで当たり前だった生活水準を維持することが大きな課題となるかもしれません。

さらに、老後の生活設計にも影響が及ぶ可能性があります。現在の貯蓄の価値がインフレによって実質的に目減りしていく中で、従来の計画をそのまま維持するのは難しいかもしれません。将来への不安が高まる時代だからこそ、今から対策を講じることが必要です。

この先を見据え、どのように資産を守り、増やしていくかを考えることが、ますます重要になっていくでしょう。インフレに負けないための新しい選択肢や戦略を探ることが、これからの時代を生き抜く鍵となるのです。

給与が上がれば上がるほど高くなる税金

年金やインフレの動向と並んで多くの人が気になるのは税金の行方でしょう。日本の税金は今後、構造的に増加していく可能性が高いと考えられます。その主な要因は少子高齢化による人口減少です。確かに東京などの一部地域では人口増加が見られますが、全国的には減少傾向にあり、一人当たりの税負担を増やさざるを得ない状況であることは明らかです。

まず、所得税に関しては、防衛費増額の財源確保のため、所得税の引き上げが検討されているところです。具体的には、2027年1月から所得税額に1％を上乗せする「防衛特別所得税（仮称）」の導入が提案されています。

消費税も現在の10%から大幅に上がる可能性があります。日本の消費税は国際的に見ればまだ低い水準にあり、例えば、欧州諸国では、スウェーデン25%、デンマーク25%、ベルギー21%、イギリス20%など、多くの先進国が20%以上の付加価値税（消費税に相当）を課しています。今後これらの国々と同等のレベルまで税率が引き上げられることになるかもしれません。

さらに、税収の持続可能性を高めるため、経済的余力のある層、特に高所得者層への適切な負担の見直しが進められる見通しです。

実際、2025年からは、株式譲渡益や配当金などの金融所得が多い高所得者を対象とした「極めて高い水準の所得に対する負担の適正化措置」が設けられ課税が強化されています。また、預貯金の利子所得に関する制度の見直しや、一定額以上の金融資産保有者への新たな仕組みの導入についても、さまざまな観点から検討が重ねられています。

増税は誰もが避けたい話ですが、日本で生活する以上は避けられない義務として受け止める必要があるでしょう。納められた税金は、社会全体に還元され、やがて私たち一人ひとりがその恩恵を受ける仕組みになっています。さらに、「より多くの収入を得るための努力を重ねれば、増税分をカバーするどころか、新たな可能性を切り開くチャンスにもつながるはず」と前向きに考えることも大切です。

「使えない中高年」は早期退職を求められる

今、働く環境は大きく変わりつつあります。特に40代、50代の方々にとって、厳しい状況が続いています。年功序列の見直しや早期退職の圧力が強まり、ベテラン社員が会社に居づらくなっているのが現実です。

不動産投資の相談に来られる方々からも、この厳しい状況をひしひしと感じさせる声を聞きます。「部署が統合されてポストが減り、昇進の見通しが立たなくなった」「同期が早期退職を促され、自分もいつか……」といった不安を打ち明けられることが増えています。

私自身も、30代の初めに将来のキャリアに大きな不安を感じた経験があります。だからこそ、相談に来られる方々の気持ちがよく分かるのです。

また、スマートフォンやＡＩなど、テクノロジーの進歩は目覚ましく、国も積極的にデジタル化を推し進めています。こうした流れの中で、中堅・ベテラン社員の多くが、新しい技術への対応を迫られており、強いストレスを抱えている人も少なくありません。

企業は若い世代の発想力を重視する傾向を強めており、長年の経験と実績を持つ40代、50代の社員でも、デジタルスキルが不十分というだけで評価が下がるケースも少なくありません。50代、60代の方々は、これまでの功績や貢献が十分に認められないまま、世代交代の波に飲み込まれようとしています。

ＡＩの進化は、特にベテラン社員の立場を一層厳しいものにしています。最近では、人の気持ちを理解して会話するＡＩも登場し、まるでＳＦ映画のような世界が現実味を帯びてきています。映画『ターミネーター』のように人工知能に支配される世界なんて笑い話だと思っていましたが、ＡＩの進化を目の当たりにすると、「もしかして……」と、冗談では済まされない未来を想像してしまう自分がいます。便利さの裏に潜むリスクとどう向き合い、コントロールしていくべきか、真剣に考える時代が来たのかもしれません。

大手企業ではすでに、ＡＩや機械化によって業務の効率化が進み、中高年社員の仕事が次々と自動化されています。営業の現場では今のところ、人間らしい温かみのある対応が重要視されていますが、これも徐々にＡＩに代替される可能性があります。もしかしたら将来、「営業部長はＡＩです」なんて日が来るかもしれません。

このように急速にＩＴテクノロジーが発展している中、40代、50代の社員たちは、自分の居場所を守るため、新しいスキルの習得を余儀なくされているのです。この変化の波は、特に中高年層の働き方と雇用を直撃し続けることでしょう。もっとも、ＡＩが本当に支配者になってしまったら、年齢に関係なく人類が皆、職を失うことになりそうですが……。

貯蓄と退職金だけでは豊かな老後生活は送れない

人生１００年時代と言われる今、定年でリタイアしてからの時間がこれまで以上に長くなる可能性があります。確かに質素な暮らしであれば、年金だけでも生活できるかもしれません。しかし、仮に65歳で仕事を終え１００歳近くまで生きるとすれば30年以上の時間があり、その時間を何もせずに過ごしてしまうと、健康面への影響が懸念されます。特に、活動的な生活を送らないと認知症のリスクが高まるとも言われています。

長い人生を心身ともに健康で充実したものにするには、一定の資金が欠かせません。習い事やゴルフといった趣味を存分に楽しみ、新しい挑戦に心を躍らせ、友人との交流を深める——そんな生き生きとした日々を送るためには、経済的な基盤が大切です。

さらに言えば最近は医療技術がどんどん進歩し、高度な医療を受けられる機会が増えており、その分、医療費も上がっています。昔のように「もう年だから」と諦める時代ではありません。実際、医療の進歩で人の寿命はどんどん伸び、100年どころか、120年、将来的には150年生きる時代が来る可能性もあります。

実際、私の祖母は今や100歳に近い年齢ですが、とても元気に過ごしています。歌の教室に通い、絵画や陶芸を学び、フラダンスを楽しむなど、さまざまな趣味に積極的に取り組んでいます。同世代の仲間と集うコミュニティもあり、毎日が充実そのものです。かつて祖父の介護で大変な時期もありましたが、今は自分の時間を思う存分楽しみ、その生き生きとした姿を見るたびに、まだまだ元気で長生きしてほしいと心から願わずにはいられません。その姿は、人生の可能性を教えてくれるようで、本当に力強い希望を感じさせてくれるのです。

これまで仕事やプライベートを通じて多くの人たちの人生を見てきて感じるのは、一度慣れ親しんだ生活水準を下げることの難しさです。決して贅沢な暮らしをしているわけではなくても、日々の当たり前の習慣やスタイルを変えるのは簡単ではありません。だからこそ、充実した老後を送るため、あるいは定年退職後も今と同じ生活を維持するためには、早いうちから少しずつ準備を始めることが大切です。未来の自分のために、時間や資金、そして心の余裕を蓄えること。それが、後悔のない豊かな人生を築く第一歩になるのです。

投資が不可欠な時代になった

今や、老後のための資産形成は誰にとっても避けて通れない課題となっています。残念ながら、日本の現状を見ると、国が国民一人ひとりの将来を保証できる状況にはありません。年金制度の先行きは不透明で、給付額の減少も懸念されています。医療費や介護費用の自己負担も増加傾向にあり、社会保障制度全体が大きな岐路に立たされています。少子高齢化が進む中、現役世代の負担は年々重くなり、将来世代へのさらなる負担の先送りも限界に近づいています。もはや「国に任せておけば大丈夫」という考え方は通用しない時代なのです。

特に重要なのは、体が動くうちに行動を起こすことです。年を重ねて体が思うように動かなくなってからでは、新たな収入源を確保するのは容易ではありません。そのため、働き盛りのうちから収入を分散し、将来の経済的な支えとなる資産を築いていく必要があります。

もはや、私たちは自分の将来は自分で守るしかない時代に生きていると言ってよいでしょう。投資や老後を見据えた資産形成は、将来の生活を守るための必須の取り組みとなっているのです。幸い、現代ではさまざまな投資手段が登場しており、自分に合った資産形成の方法を選べるようになっています。

このような状況を前向きに捉え、計画的に資産形成に取り組むことが、誰にとっても大切になってきているのです。

投資に消極的な日本人

しかし、日本人の多くは投資にはあまり積極的ではありません。2023年の金融広報中央委員会の調査によると、「元本割れを起こす可能性があるが、収益性の高いと見込まれる金融商品」を保有しようとは全く思わない人の割合が過半数となっています。一般の人たちの間でも株式投資が当たり前のように行われているアメリカなどと比べると、日本人の投資商品に対する忌避感の強さは顕著です。

投資というと、どうしても「ギャンブル的」「怖い」「難しそう」というネガティブなイメージが先行してしまいます。私の周りでも、給料は普通の銀行口座に入れておく、または定期預金に回すという人がほとんどです。株式投資をしている知人は本当に少なくて、話題にすること自体が珍しいくらいです。

確かに最近はNISAやiDeCoなど投資商品の選択肢は増えてきていますが、これらは本当の意味での投資というより、ある意味では「お堅い」積立貯金のような性格が強いように思います。政府が後押しする制度なので安心感はありますが、積極的にリターンを追求するという姿勢とは少し違うような気がします。

なぜ日本人が投資に消極的なのか考えると、やはりリスクを取ることへの強い警戒心があると思います。かつてのバブル崩壊の経験と記憶もあるでしょうし、そもそも私たちは小さい頃から「堅実に」「無理をせず」「地道に」という価値観で育ってきました。

これと同じような傾向は、日本のサッカーを見ていても感じます。海外には派手なプレーで観客を沸かせる「ファンタジスタ」と呼ばれる選手が多いのに対し、日本選手は堅実な守備重視のスタイルが目立ち、リスクの高いプレーを避ける傾向があるように見えます。失敗を恐れるあまり、大胆なチャレンジを避けてしまう。この姿勢は、投資に対する態度とどこか重なるように思えます。

つまり投資に対しても失敗を極端に恐れるあまり、チャレンジする機会を逃してしまっているのかもしれません。もちろん、むやみにリスクを取ればいいというわけではありませんが、適度なリスクテイクと失敗からの学びや経験も、長い目で見れば成長につながるのではないでしょうか。実際、世界的に見ても、ある程度のリスクを取りながら資産形成に成功している著名な投資家の例は数多くあります。

また、アメリカなどでは、学校教育の中で投資の基礎知識や資産運用の考え方などを学ぶ機会が設けられているのに対し、日本ではそういった教育がほとんどないことも影響しているのでしょう。

ただ、こういった投資に対して消極的な考え方や姿勢を一朝一夕に変えることは難しいと思います。時間をかけて、少しずつ投資に対する理解を深め、自分なりのバランスを見つけていくしかないのかなと感じています。そのためには、まず金融リテラシーの向上が不可欠でしょう。投資のリスクとリターンをきちんと理解した上で、自分に合った投資方法を選択できるようになることが重要だと考えています。

最適なのは不動産投資

ここまで述べてきたように金融リテラシーを身につけることは、健全な資産形成の第一歩となります。しかし、知識を得ただけでは十分ではありません。その知識を実践に移し、具体的な行動に結びつけることが求められます。

では、実際に私たちの資産を守りながら育てていく最適な方法は何なのでしょうか。

「株式投資？　仮想通貨？　それとも投資信託？」

将来のための資産形成を考えるとき、さまざまな選択肢を前に迷う人は少なくないはずです。結論から言うと、多忙なサラリーマンに最もお勧めしたい最適な手段こそが不動産投資なのです。

不動産投資の最大の強みは、本業の仕事と平行して無理なく行えることです。株式投資やFXなどは、価格が乱高下することが珍しくなく仕事中にチャートをチェックする必要があり、心理的な負担も大きくなります。一方、不動産投資では、入居者が決まれば、毎月の家賃収入を安定的かつ確実に得られるので平穏な気持ちで取り組むことができます。

また、サラリーマンならではのメリットとして、安定した給与収入があることで、金融機関からの融資を受けやすいという特徴があります。頭金ゼロのフルローンで数千万円の物件を購入することも可能ですし、入居者の家賃でローンが返済できれば、実質的な負担を抑えながら資産を形成することができます。

特に注目したいのが税金面での優位性です。給与所得者の方にとって、高額な所得税や住民税を納めることは大きな負担となっています。不動産投資では、ローン金利、減価償却費、修繕費などを必要経費として計上することで、給与所得との損益通算が可能です。具体的な年収の額で数字は変わりますが、年間数十万円から百万円以上の節税効果が期待できます。

将来の昇給や昇進による増収も、不動産投資と相性が良い点です。収入が増えるほど税負担も増えていきますが、不動産投資による経費計上で、効果的な税金対策が可能になります。また、退職後の生活設計においても、年金に加えて家賃収入という安定した収入源を確保できることは、大きな安心材料となるでしょう。

もちろん、平日はフルタイムで働くサラリーマンにとって、物件の管理や入居者対応が負担になるのではないかという不安もあるでしょう。しかし、信頼できる不動産管理会社に委託することで、休日や夜間の突発的なトラブルにも対応可能です。仕事に全く支障をきたすことなく、不動産投資に取り組むことができるのです。

このように、不動産投資は特にサラリーマンの方にとって、「副収入の確保」「節税効果」「老後の生活設計」など、さまざまな課題を同時に解決できる優れた資産形成手段といえます。給与所得者ならではの強みを活かしながら、将来の経済的自由度を高められる不動産投資こそが、まさに、働く会社員の方に最もお勧めできる資産形成の選択肢なのです。

40～50代の働き盛り世代は考えることがいっぱい

今、40～50代の働き盛りの人たちは毎日が目の回るような忙しさで、家に帰ってからも仕事のことが頭から離れず、自分の将来や資産形成について考える余裕すら持てない日々を送っているのではないでしょうか。

この世代の多くは、10年以上の会社勤めを経て中間管理職として重責を担っています。朝から晩まで会社の業務に追われ、上からは厳しいノルマを課され、若手の育成も任され、まさに走り続けるハムスターのような毎日。家に帰れば疲れ果てて、ソファに座ったまま寝落ちしてしまうことも珍しくありません。

私も経営者になる前、営業の第一線で奔走していた頃は日々、時間に追われていました。日中の業務をこなし、夜は顧客との会食、休日は接待ゴルフ……次の商談の準備や部下の管理に追われ、自分の生活設計や資産運用について考える時間など、どこにも見つけられない状況でした。やっと一息つけると思った週末も、スマートフォンは仕事関連の連絡で絶え間なく鳴り続けます。

確かに平均以上の収入はありますが、考えてみる余裕さえないまま、収入の3割以上、時には半分近くが税金として徴収されていきます。これは由々しき事態なのですが、毎日の業務に追われ、対策を講じるための情報収集や検討をする時間的な余裕すら持てないのが現状です。

毎日が戦場のような忙しさの中で、自分の将来について立ち止まって考える時間を持つことは、本当に難しいことです。でも、だからこそ、効率的な資産運用の方法を知っておくことは重要なのかもしれません。

いろいろなものを犠牲にしてきたからこそ、ぜひ報われるものがあってほしい、現在そして将来の心からの幸せを得ていただきたいと強く思うのです。

第2章

これだけは押さえたい、不動産投資の基本

適切な知識を身につければ不動産投資は怖くない

２０１９年に金融庁が老後30年間で約２０００万円の金融資産が不足する可能性があるという内容の報告を発表し大きな反響を呼びました。このいわゆる「老後２０００万円問題」については個人的に今でも思うことがあります。当時の計算方法には疑問を感じましたし、何より「２０００万円あれば大丈夫」という誤ったメッセージを多くの人が受け取ってしまったのではないかと心配になったものです。

夫婦で満足のいく老後を送るためには２０００万円ではとうてい足りないと感じましたし、しかもこの金額が発表された時点では、現在のような物価上昇は全く想定されていませんでした。今の物価上昇率を考慮すると、老後の生活資金として２０００万円では明らかに不足するでしょう。

もちろん、必要な金額は「どのような老後を送りたいのか」によって変わります。しかし、最低限、現役時代と同じ生活水準を維持したいのであれば、それに見合った収入を老後も確保する準備が不可欠です。その手段の一つとして、私は不動産投資を何よりも強くお勧めしたいのです。

ただ、不動産投資に限った話ではありませんが、投資にはさまざまな不安や懸念がつきものです。例えば「思ったような収入が得られるだろうか」「物件の管理が大変そう」「予期せぬトラブルが起きたらどうしよう」といった疑問や心配は誰もが感じることでしょう。

しかし、適切な知識を身につけ、慎重に物件を選定することで、不動産投資はこの上もなく安定した資産形成手段となります。後ほど触れるように株式やFXなどのように急激な価格変動に悩まされることなく、毎月着実に家賃収入を得られる上に、さらには、税金対策から保険的な役割まで、実に多面的な恩恵をもたらしてくれるのです。

本章では、不動産投資がもたらす具体的な8つのメリットについて、詳しく見ていきましょう。ここで解説する内容は、不動産投資を成功に導くための重要な基礎知識にもなります。不動産投資の本質的な価値を理解することで、より確かな判断軸を持って憂いなく投資に踏み出すことができるはずです。

メリット❶

毎月安定した家賃収入が得られる

不動産投資の最も大きなメリットの一つであり、かつこの上ない魅力は、毎月確実に入ってくる家賃収入です。

このことを区分マンションに投資した場合を例にして説明しましょう。

まず、ローンを利用してマンションの一室を購入し、これを誰かに貸し出します。当然、毎月のローン返済や固定資産税、管理費などの支払いは必要になります。

ですが、ここがポイントです。これらの支払いの大半は、入ってくる家賃収入でほぼ賄えてしまうのです。そのため実際の自己負担額はわずかで済みますし、場合によっては毎月少額ながら利益が出ることもあります。

このように、大きな経済的負担なく資産を築いていけることは、不動産投資の大きな強みとなっています。特に注目したいのは、会社からの給料と違って、家賃収入は景気や働き方にあまり左右されない、安定的な収入だということです。毎月決まった日に、決まった額が確実に入ってくる――この安心感は将来の生活設計において心強い味方となります。

しかも、近年の傾向として特に東京などの大都市圏では、人口流入が続いていることもあり、賃料は緩やかな上昇傾向にあります。これは、将来的な収益性の向上が期待できることを意味しています。つまり、今設定している家賃収入が、時間の経過とともに増加していく可能性も十分にあるのです。

さらに長い目で見ると、この投資手法の優位性はもっとはっきりしてきます。ローンの返済が終わった後は、管理費などを差し引いた家賃収入のほとんどが、丸々自らの収入になるのです。つまりは老後の年金代わりにもなるわけです。

もちろん、投資である以上、物件選びや資金計画はしっかり考える必要があります。場所、築年数、その地域での賃貸需要など、いろいろな要素を総合的に検討することが大切です。

しかし、これらの検討をきちんと行って適切な物件を選びさえすれば、安定した家賃収入という確かな見返りが得られる投資方法として、不動産投資は非常に効果的な選択肢と言えるでしょう。

メリット❷

所得税や住民税などの税金対策になる

不動産投資は、実効性のある節税手段としても広く注目されてきました。なぜなら、不動産を運営する過程では家賃収入から減価償却費、ローン金利、管理費などさまざまな経費を計上でき、それらの経費を差し引くことで、「赤字」を生み出すことができます。この赤字を給与所得から差し引く「損益通算」という仕組みを活用することで、驚くほどの節税効果が実現できるのです。

具体例を見てみましょう。年収800万円のサラリーマンの場合、通常は約92万円の税金（所得税・住民税）を支払う必要があります。しかし、不動産投資で90万円の赤字を出した場合、課税所得が360万円まで下がり、納税額は約65万円になります。つまり、27万円もの税金を節約できるのです！

しかも、このような節税効果は一時的なものではありません。不動産を適切に運用すれば、毎年継続的に税負担を抑えることが可能なのです。確定申告を行うことで、源泉徴収された所得税の一部が還付され、住民税の負担も軽くなります。つまり、不動産投資は将来の資産形成と同時に、毎年の税負担を大幅に軽減できる一石二鳥の投資方法といえるでしょう。

メリット❸
ローンで購入できる

不動産投資は多くの魅力的なメリットを備えていますが、その中でも特に大きな利点の一つは、銀行などからのローンを活用して資産を形成できる点です。ここで重要なのは、不動産投資で使用されるローンは一般的な住宅ローンとは異なり、アパートローンやマンションローンなどと呼ばれる事業用ローンだということです。これらの事業用ローンは、投資用不動産の購入に特化した融資商品となっています。

ローンを利用すれば、自己資金が少なくても物件を購入し、その物件を賃貸に出して家賃収入を得ることができます。うまく運用すれば、家賃収入でローンの返済を賄いつつ、手元資金を大きく減らさずに資産を持つことが可能なのです。

さらに、アパートローンやマンションローンには特有のルールがあり、ローン審査の際に物件から得られる家賃収入も考慮されるため、一般的な住宅ローンに比べて借りられる金額が大きい場合があります。

例えば、年収が1千万円に届かない人でも、1億円近くの借入れが可能になるケースもあります。これは、株式やFXなど他の投資商品にはない非常に大きな強みといえます。

また、これらの事業用ローンを活用することで、いわゆる「レバレッジ効果」を得ることもできます。自己資金だけでなく銀行からの借入れを組み合わせることで、より大きな投資を実現し、不動産価値が上昇した際には自己資金以上のリターンを得ることが可能となるのです。

例えば、自己資金のみで購入できる物件よりも規模の大きな不動産に投資できるため、資産形成のスピードを加速させることができます。さらに、投資物件の価値が上昇すれば、ローン返済後に手元に残る利益も増え、少ない自己資金で高い収益率を目指すことができるのです。

ただし、借入れを活用するメリットを最大化するには、注意が必要です。ローン返済は家賃収入で大半をカバーできることを前提とし、物件選びでは地域の相場家賃や物件の古さ、設備の状態を慎重に検討する必要があります。また、レバレッジ効果にはリスクも伴うため、物件価値が下落した場合に備えたリスク管理も重要です。

メリット❹ 急激な価格変動がない

資産運用を考えるとき、多くの人が「安定性」と「リスク」を天秤にかけますが、不動産は、株式やFXのように突発的な乱高下をすることなく、安定した価値を保ちやすい投資対象といえます。投資商品としての不動産が持つこの特質を、株式投資と比較しながら詳しく解説していきましょう。

例えば、2008年のリーマン・ショック時には、世界的な金融危機により数多くの企業の株価が急落しました。また、2011年の東日本大震災の際にも、東京証券取引所に上場する多くの銘柄で大幅な下落が見られました。さらに、2020年初頭の新型コロナウイルスのパンデミック発生時には、世界各国の株式市場が急激に変動し、投資家の間で大きな損失が相次ぎました。

一方、不動産は株式と比べると、はるかに安定的な値動きを示します。その理由は主に4つあります。

まず、売買のしやすさが大きく違います。株は毎日売り買いができ、価格も日々、時には分単位で変化します。一方、不動産は売り買いに時間がかかるため、価格もゆっくりと変化していく傾向にあります。パニック的な売りが起きにくいため、株式のような急激な暴落も起きづらいのです。

次に、価格が決まる仕組みが異なります。株価は企業の業績や経済ニュースなどの影響をすぐに受けて変動します。これに対して不動産の価格は、その地域の人口動向や施設の整備状況など、時間をかけて変化する要因に左右されることが多く、より安定的です。

三つ目は、投資の目的の違いです。株式投資では短期間での売買で利益を狙う人も多く、それが価格変動の原因となります。不動産投資は長く持ち続けることを前提とする人が多いため、価格も比較的安定しています。さらに、不動産投資では家賃収入という安定的なキャッシュフローが得られるため、価格が多少下がっても収入は確保できます。

最後に、市場の特徴の違いがあります。株式市場は世界中のお金の動きの影響を受けやすく、世界的な問題が起きると大きく価格が変動することがあります。不動産は主にその地域の状況に影響されるため、全体的に見ると急激な価格変動は少なくなります。

もちろん、不動産投資にもリスクはあります。経済危機の際には価格が下がることもありますし、金利が上がると住宅ローンの負担が増えて価格が下がりやすくなります。また、都市部の再開発や地方の人口減少など、地域によって価格変動の度合いは異なります。

しかし、適切な地域と物件を選択し、長期的な視点で投資を行えば、株式投資よりもはるかに安定的な資産形成が可能であることは間違いありません。

メリット❺ インフレに強い

第1章でインフレが私たちの生活に与える影響が深刻化している状況について触れました。不動産はインフレに対しても強い資産と言われており、その理由には次のようなポイントがあります。

まず、不動産は「実物資産」であることが挙げられます。土地や建物は物理的な価値を持つ資産であり、通貨の価値が下がったとしても、その実体は失われることがありません。

特にインフレが進行すると、現金の購買力は低下しますが、不動産はその影響を受けにくく、むしろ価値が上昇することが多いのです。

さらに、近年では建築コストの上昇も、不動産価格を押し上げる要因となっています。建材価格や人件費の高騰により、新築物件の建設費が増加しており、それに伴い既存の不動産の価値も上がりやすい傾向にあります。

加えて、都市部などの希少価値の高い土地は、供給が限られているため、長期的に見ても価格が下がりにくい特徴を持っています。

次に、インフレによる家賃収入の増加も、不動産がインフレに強い理由の一つです。一般的に、物価が上昇すると生活コスト全体が上がりますが、それに伴い住宅費の水準も上昇しやすくなります。その結果、家賃も引き上げられる傾向があり、不動産オーナーにとっては収益の向上が期待できるのです。

特に、都市部などの需要が安定しているエリアでは、インフレによる賃貸市場の活性化が顕著に現れます。新築物件の建築コストが上がることで供給が抑えられ、既存の賃貸物件の価値が相対的に高まるため、より安定的に家賃を引き上げやすい状況になります。

以上のように、不動産はインフレ局面において特に強みを発揮する資産です。実物資産としての価値が守られやすいことや、物価上昇に伴う家賃収入の増加といった特長が、不動産を堅実な投資先として際立たせることになり、多くの投資家や資産家が資産の目減りを防ぐ手段として不動産を選択してきたのです。このような特性は、経済環境が不安定な時期においても、長期的な資産形成の基盤として不動産が重要な役割を果たし続ける理由となっています。

メリット❻ 生命保険の代わりになる

意外に思うかもしれませんが、不動産投資を活用すると生命保険が不要になるかもしれません。

家を買うときにローンを組んだ経験がある人はご存じでしょうが、住宅ローンには「団体信用生命保険」という保険がセットでついてきます。これは、もしもの時にローンの残りを保険が支払ってくれる仕組みです。

不動産投資ローンでも同様に団信がつくため、別途生命保険に入る必要が少なくなるのです。

しかも、団信には一般の生命保険よりも優れているポイントがいくつかあり、中でも特に注目したいのは「通常の生命保険よりも保険料が安い」ということです。

通常の生命保険で大きな保障を得ようとすると、主に①定期保険と②終身保険の二つの選択肢があります。まずはそれぞれの特徴を示しましょう。

①定期保険
- 決まった期間だけ保障がある保険
- 保険料は比較的安い
- 保障期間中に何も起きなければ基本的に払ったお金は戻ってこない

②終身保険
- 一生涯保障が続く保険
- 保険料は定期保険より高い
- 必ず保険金が受け取れる（解約しなければ）

〈図2〉月々の保険料の例

保険金額	2000万円
定期保険の条件	男性、保険期間70歳満了、月払い
終身保険の条件	男性、月払い

契約年齢	保険料	
	定期保険	終身保険
25歳	5,030円	26,200円
30歳	5,890円	29,240円
40歳	8,170円	37,740円
50歳	12,310円	51,260円

次に定期保険、終身保険、不動産投資それぞれでかかるコスト（保険料等）を具体例で見てみましょう。

２０００万円の保障を70歳までつける場合を比べてみると、定期保険、終身保険では月々の保険料は図２のようになります（いずれもネット保険の例で、大手保険会社ならもっと高くなります）。

一方、不動産投資で同じ２０００万円の保障を団信によって得られる場合はどうなるでしょうか。

例えば、２０００万円を金利２・２％の35年ローンで借りた場合の毎月の返済額はおよそ8万円です。この金額には団信の保険料も含まれています。これを仮に家賃９万５０００円で貸し出したとすれば収支としてはプラスの１万５０００円となります。

実際には管理費や固定資産税などの経費がかかるの

で、もう少し収入は減りますが、ほとんど自己負担なしで生命保険と同じ保障が得られるのです。つまり、不動産投資なら家賃収入で保険料が賄えて、さらにちょっとしたお釣りも期待できるというわけです。しかも不動産投資であれば〝その先〟があります。

具体的に述べると、生命保険の場合は、保険金として一時金を受け取るだけで、それ以降の収入は発生しません。それに対して、不動産投資の場合「ローンが完済された不動産という資産が残る」ことに加えて「毎月の家賃収入が続く」のです。その結果、将来的にこの不動産を相続した家族も次のようなメリットを享受することができるでしょう。

- 毎月の家賃収入を生活費の一部として使える
- 資産として持ち続けることができる
- 将来、売却という選択肢も残せる

このように不動産投資は〝一度きり〟の保障ではなく、家族の将来も長期的に支えられる仕組みになっているわけです。とりわけ家賃収入という形で、継続的な生活支援が得られる点は、とても心強いメリットといえるでしょう。

団信は生命保険よりも入りやすい

さらに団信の大きな魅力の一つが、通常の生命保険と比べて加入しやすいという点です。生命保険に加入する際は必ず健康状態の審査があります。この点は団信でも同じなのですが、団信の方が審査項目が少なく、比較的緩やかな基準で審査が行われる傾向にあります。これは、不動産投資を始めようと考えている人にとって、とても心強いポイントといえます。特に、健康に多少の不安がある人でも、普通の生命保険より加入できる可能性が高くなります。

ただし、注意点もあります。持病の種類や症状、その経過状況によっては、団信でも加入が難しい場合があります。また、金融機関によって審査基準が異なることもあるため、持病をお持ちの方は、事前によく確認することをお勧めします。

団信は進化し続けている

もう一つ付け加えると、最近の団信は従来の死亡・高度障害保障だけでなく、さまざまな特約を選べるようになっています。

例えば、三大疾病（がん、心疾患、脳血管疾患）になった時の保障、がん診断時の保障、介護状態になった時の保障などです。

また、近年では「ペア団信」という選択肢も広がっています。これは、夫婦等がペアローンで借り入れした後、二人どちらかに万が一のことがあった場合、どちらも住宅ローン残高がゼロ円になる団信です。支払事由に該当していない方が免除された債務は一時所得の扱いになるため、所得税の課税対象となる点には注意が必要ですが、残されたもう一方の生活を支える重要なセーフティネットとなります。

これらの特約は金融機関によって選択できる種類が異なります。そのため、不動産投資を検討する際は、物件だけでなく、金融機関の団信プランもしっかり比較検討することをお勧めします。

このように、不動産投資は単なる家賃収入を得る手段にとどまらず、保障の面でも優れた選択肢となります。一般的な生命保険よりもコストを抑えながら、資産形成と保障を同時に叶えられる点が魅力であり、まさに現代に適した投資方法といえるでしょう。

メリット❼ 不動産投資は貯金代わりになる

不動産投資は、決して裕福な人だけのものではありません。実は、平均的な収入の人でも「賢い貯金」として活用できる資産形成の手段なのです。例えば、2000万円台のマンションであれば、毎月の実質的な負担は、通常の貯金と大きく変わらないケースもあります。

この投資の最大の魅力は、〝第三者からの収入〟で資産を増やせることにあります。家賃収入を活用することで、毎月のローン返済の大部分がカバーされるので、自己負担は少ない額で済みます。例えば、飲み会数回分に相当する月々2～3万円の金額を単なる貯金に回すのは、心理的にハードルが高い人がいるかもしれません。しかし、不動産投資なら、そうしたわずかな負担で数千万円規模の資産を築くことが可能です。

さらにサブリース契約を利用すれば、管理会社から安定した固定家賃収入が得られ、リスクを抑えながら確実にローンの元本を減らしていくことができます。

将来の安心を手に入れるために、ただ銀行に預けておくのではなく、貯金感覚で不動産投資を考えてみてもよいかもしれません。

不動産投資の収支プラン例

不動産投資が〝貯金代わりになる〟イメージを具体的に思い浮かべられるように、実際の数字をもとに説明しましょう。

図3は不動産投資における月次および年間の収支計画（キャッシュフロー表）を示しています。運用した物件の価格は２５２０万円、諸費用は70万円、自己資金は10万円、借り入れたローンは２５１０万円です。

〈図3〉物件価格2520万円の収支計画表（キャッシュフロー表）

		月	年合計
収入	家賃収入	94,000円	1,128,000円
	その他収入	0円	0円
	収入合計	**94,000円**	**1,128,000円**
支出	借入金返済（元利）	78,585円	943,020円
	管理費・修繕積立金	12,810円	153,720円
	共用水道光熱費	0	0
	固定資産税・都市計画税		60,000円
	支出合計	**91,395円**	**1,156,740円**
収支差額			**▼28,740円**

まず収入面では、家賃収入が月額9万4000円、年間で112万8000円となり、その他の収入はありません。つまり、総収入はこの家賃収入のみです。

一方、支出面では、借入金返済が月額7万8585円（年間94万3020円）、管理費・修繕積立金が月額1万2810円（年間15万3720円）、固定資産税・都市計画税が年間6万円となり、合計すると年間支出は115万6740円になります。

その結果、年間の収支差額はマイナス2万8740円になります。つまり、年間数万円の〝貯金〟で最終的に2千万円以上の資産が手元に残るわけです。

このように、不動産投資なら、銀行にお金を預けるだけでは得られない収益を生み出しながら、長期的な資産形成を進めることができるのです。

管理業務は不動産投資の大きな課題

不動産投資には、ここまで述べたように株式やFXなどの投資商品には見られないさまざまなメリットがありますが、会社で働いている人がいざ自分だけの力で行うとなると躊躇してしまう部分もあるかもしれません。不動産の運営には想像以上の労力と時間が必要となるからです。特に物件の管理業務は、入居者の募集から退出までの広範な作業を含む継続的な取り組みとなります。

その流れを具体的に見ていくと、まず物件の運営を始めるにあたっては、経済情勢を考慮した適切な賃料設定が必要です。その後、広告掲載やチラシ配布などを通じて入居者の募集活動を行い、応募者には慎重な審査を実施します。その際には応募者だけでなくその連帯保証人の支払能力についても詳細な確認が求められます。

入居が決まれば、重要事項説明書や賃貸借契約書の作成という法的な手続きも行わなければなりません。しかも、これは管理業務の始まりに過ぎません。入居後は毎月の家賃入金確認という地道な作業が続き、入居者からのクレームにも迅速に対応する必要があります（深夜の騒音トラブルや、隣人の嫌がらせ行為への対処など、予期せぬ問題が次々と発生します）。

また、物件の設備管理も大きな責任を伴います。特に夏場のエアコン故障などは、最悪の場合、熱中症などの重大事故にもつながりかねないので、早急な修理対応が求められることになります。

さらに、入居者が退出する際には物件の状態確認から始まり、破損や汚れのチェック、必要に応じた内装工事やクリーニングの手配まで、細やかな対応が求められます。

そして最後には、敷金の精算という繊細な作業も発生します。東京では特有の敷金精算ルールもあり、これらの規定に従った適切な処理が必要となります。

このように、不動産投資は収益が期待できる一方で、その管理には多岐にわたる継続的な業務が発生します。おそらく「これだけのことを全て自分で行うことはとても無理！」という人がほとんどではないでしょうか。

メリット❽

パートナー会社に任せれば「ほったらかし」でいい

実際、不動産投資を始める多くの人は、管理のエキスパートである管理会社への業務委託を選択しています。管理会社との契約形態は、主に以下の三つのパターンがあります。

①入居者の募集のみ
入居者の募集を不動産会社がオーナーに代わって行う契約です。広告の企画・作成、掲載から入居者の審査、契約書、重要事項説明書の作成および契約まで行うのが一般的です。

②家主代行契約
オーナーの代理を不動産会社が務める契約です。入居者募集に加えて、家賃の集金、滞納処理、退室の立ち会い、クレーム処理、契約の更新等の業務が追加される形になります。

オーナーに代わって不動産会社が全てを代行してくれるので、オーナーは不動産会社から家賃を毎月振り込んでもらうだけです。

③家賃保証契約

急な退室や入居者が見つからない空室期間を不動産会社が保証するという契約や、入居者が何らかの事情で家賃を納めない場合、入居者に代わって不動産会社が家賃を支払うという契約があります。いわゆるサブリース契約はこの家賃保証契約の一つの形です。

管理会社への委託により、オーナーの管理負担は大幅に軽減されます。また、専門的な知識と豊富な経験を活かした適切な対応により、トラブルの未然防止や迅速な解決が可能となります。実質的に「手間をかけることなく、安定的な賃料収入を得られる」仕組みを構築できるのです。つまり、何もかも「ほったらかし」で賃料収入が確実に入ってくる仕組みを作れてしまうわけです。

物件の安定的な運営のためには、自身の状況を考慮しながら、最適な管理方法を選択することが重要です。時間的な余裕が十分にある場合を除き、管理会社の活用は検討に値する選択肢といえるでしょう。

サポートしてもらえる会社の選び方

自分で管理をするのではなく外部に管理を委託する場合、不動産投資の収益を最大化するためには、信頼できる管理会社をパートナーに選ぶことが不可欠です。

パートナー選びを誤ると、家賃の未納・滞納への対応の遅れ、入居者トラブルの不手際、さらには物件の価値低下といった深刻な問題に直面する可能性があります。最悪の場合、管理のずさんさが物件の評判を損ない、空室率の上昇や賃料収入の減少という事態を引き起こすこともありえるでしょう。こうしたリスクを回避するためにも、慎重な企業選定が極めて重要です。

そしてパートナー企業の信頼性を判断する際には、以下のような多角的な視点での検討が必要になります。

①豊富な経験と実績を持つ企業か？

企業の社歴の長さは、管理能力を判断する重要な指標の一つです。長年にわたり事業を継続している会社は、入居者の孤独死などへの対応などさまざまな課題や困難を乗り越えてきた経験を持っています。その蓄積されたノウハウこそが、安心して任せられる管理の質を生み出すのです。

②業績の安定性と信頼性

企業の売上高が継続的に成長しているかどうかも、管理の質を見極めるポイントです。業績が安定している企業は、それだけ多くのオーナーから長期的な信頼を得ていることの証明になります。また、オリックス銀行・ジャックス・楽天銀行などの大手金融機関との取引があるかどうかも要チェックです。これらの金融機関は、信頼性の低い業者とは基本的に取引しないため、取引実績がある会社は信頼度が高いといえるでしょう。

③オフィスの所在地と環境

企業のオフィス所在地や環境も、会社の姿勢や経営基盤の安定性を示すポイントです。一流のオフィスビルに拠点を構える企業は、それだけの経済的基盤があり、長期的に健全な経営をしている可能性が高いと考えられます。

④法令遵守とコンプライアンスの徹底

法令を遵守しているかどうかも、信頼性を図る上で欠かせません。例えば、東京の不動産会社であれば東京都住宅政策本部のサイトで公開されている情報などを使って行政処分の有無について確認してみましょう。こうした点をチェックすることで、不正やトラブルのリスクを避けることができます。

コラム

四谷コーポラスが語る、不動産とインフレの物語

東京都新宿区にある「四谷コーポラス」をご存じでしょうか？

１９５０年代年に誕生した、日本初の民間分譲マンションです。戦後の深刻な住宅不足を背景に建設され、当時の日本における新しい都市型ライフスタイルのモデルケースとなりました。モダニズム建築の理念を取り入れた機能的なデザイン、まだ珍しかった浴室を各戸に設置するといった画期的な仕様は、その後の日本のマンション開発に大きな影響を与えました。

この四谷コーポラス、実は日本のインフレーション史を語る上でも興味深い事例なのです。販売当時、その一戸は２００万～３００万円で販売されました。当時の大学卒の初任給が５０００円～1万円だったことを考えると、かなり高額な物件です。

しかし、それから約60数年が経過した現在、同じ物件は３０００万～４０００万円で取引されています。

この価格上昇は、単に建物自体の価値ではなく、土地価値の上昇や都心の希少性によるものです。四谷は、東京の中心部という一等地に位置し、時代が進むにつれてその価値はさらに高まっています。

これは、不動産という「実物資産」を保有することの重要性を示す、非常に象徴的な例といえるでしょう。日本の高度経済成長やグローバル化の波に乗り、資産としての価値を維持どころか大きく成長させてきたのです。特に「四ツ谷駅徒歩6分」という立地価値は、時代とともにさらに高まっています。

もちろん、不動産には建物の寿命という課題もあります。四谷コーポラスも現在、建て替えの検討が進められています。しかし、それを差し引いても「不動産は長期的にインフレに強い」という事実は揺るぎません。

これは極端な例かもしれませんが、不動産投資が「単なる収益物件」ではなく、「インフレに対する有効な防衛策」であることを、あらためて考えさせられる事例です。お金を「持つ」だけではなく、「活かす」ことの大切さを、四谷コーポラスの歴史は教えてくれます。

第3章

収益を最大化する物件選びのコツ

不動産投資
成功の鍵は物件選び

私はこれまで十数年間、北は北海道から南は沖縄まで全国を巡り、不動産投資の相談に乗ってきました。訪れた先々の風景や出会った人々の言葉や顔が、今でも鮮やかに思い出されます。中でも特に印象深いのは、長崎県のある海辺の町を訪ねたときのことです。

全国規模の企業の支店で要職を務めるお客様にお会いし、ふと「お仕事が終わった後は、普段どんなふうに過ごされていますか？」と尋ねてみました。すると、「海がすぐそばにあるので、仕事帰りには釣りをするんです。釣れた魚を行きつけの居酒屋に持ち込むと、その場で刺し身にしてくれるんですよ。それが日課ですね」と、穏やかに微笑みながら話してくれました。その情景が目に浮かび、何とも贅沢で心地良い暮らしだな、と感じたものです。

実は、不動産投資も同じように、肩肘を張らずに取り組むことができます。「投資」という言葉を聞くと、煩雑な手続きや膨大な時間がかかるものと思いがちですが、決してそうではありません。前章で述べたように、信頼できるパートナーを選べば、多くの作業を任せることができ、「ほったらかし」でも安定した利益を得ることが可能なのです。

とはいえ、成功するためには、最初の一歩である物件選びが何よりも重要です。不動産投資には、空室リスク、建物の経年劣化、周辺環境の変化など、さまざまなリスク要因が潜んでいます。これらのリスクを最小限に抑え、長期的な収益を確保するためには、慎重な物件選定が欠かせません。

本章では、不動産投資を初めて検討する方から、すでに経験をお持ちの方まで、誰もが実践できる収益性の高い物件の選び方について、具体的な事例を交えながら詳しく解説していきます。適切な物件を見極めるポイントを押さえ、長期的に安定した収益を生み出す不動産投資の方法を、一緒に探っていきましょう。

金利の変動リスクを過度に恐れる必要はない

適切な物件選びのためには、リスクについて知っておくことも重要です。まずは不動産投資の主なリスクを確認しておきましょう。手始めとして「金利変動リスク」について考えてみます。

不動産投資では、多くの場合ローンを活用することになりますが、変動金利が一般的であるため、金利が上昇すると返済額が増加する可能性があります。そのため、将来的な金利の動向を意識することは非常に重要です。

しかし、このような金利変動リスクについて、過度に心配する必要はないとも考えられます。その理由はいくつかありますが、まず一つ目は、不動産投資ローンの金利が国のコントロール下にある国債の金利などに連動しているため、急激な上昇が起こりにくい仕組みになっているからです。金融政策や経済状況を踏まえると、現在の日本においては、短期間で大幅な金利上昇が発生する可能性は低いと考えられます。

もう一つの理由として、金融機関側の事情が挙げられます。不動産投資ローンは、多くの金融機関にとって重要な収益源であり、特にクレジットカード事業を手掛ける金融機関では、その傾向が顕著です。クレジットカード事業による手数料収入と比較しても、不動産投資ローンから得られる利息収入の方がはるかに大きく、さらに事務手数料なども加わることで、不動産投資ローンは金融機関にとって魅力的なビジネスとなっています。

そのため、各社は顧客の獲得と維持を重視し、むやみに金利を引き上げることは避ける傾向にあります。実際、過度な金利上昇は顧客の流出や他行への借り換えを招くリスクがあるため、金融機関としても慎重にならざるを得ません。

こうした背景を踏まえると、確かに金利変動リスクは存在するものの、必要以上に不安を感じる必要はありません。市場の仕組みや金融機関の動向を理解し、適切なローン戦略を立てることで、リスクを抑えながら安定した投資を行うことが可能なのです。

修繕のリスクに対応するため余裕を持った資金計画を立てる

不動産投資において、修繕やメンテナンスに関するリスクは避けて通れない重要な課題です。特に設備機器のトラブルは日常的に発生する可能性が高く、迅速かつ適切な対応が求められます。

例えば、エアコンや給湯器は日々の生活に欠かせない設備ですが、経年劣化による故障は避けられません。エアコンが故障した場合、取付工事を含めて10万円以上の交換費用が必要になります。給湯器も同様で、機種によっては20万円台の出費が発生することもあります。これらの設備は一度壊れると入居者の生活に直接影響を与えるため、迅速な対応が求められます。

さらに、照明器具や換気扇、インターホンといった設備も定期的な交換が必要です。これらの費用は比較的少額ですが、複数の部屋で同時に問題が発生することもあり、思わぬ出費となることがあります。

特に築年数が経過した物件では、こうした細かな修繕が積み重なり、維持コストが増大しやすい点には注意が必要です。

また、入居者の退去時には必ずハウスクリーニングが必要となります。一般的な1Kタイプの物件でも5万円～8万円程度の費用がかかり、間取りが広くなれば10万円を超えることも珍しくありません。

さらに、クロスの張り替えやフローリングの補修といった原状回復工事も必要になることが多く、クロスの張り替えだけでも6畳の部屋で10万円前後の費用が発生することがあります。

このように、不動産投資にはさまざまな修繕・メンテナンスのコストが伴いますが、あらかじめ計画的に資金を準備し、適切な管理を行うことで、安定した運用が可能になります。事前にリスクを把握し、余裕を持った資金計画を立てることが、長期的に成功するための鍵となるのです。

家賃の変動リスクにも注意が必要

賃貸市場には明確な繁忙期と閑散期が存在します。最も需要が高まる繁忙期は1月から3月にかけてです。これは4月からの新生活開始に向けて、多くの人が引っ越しを検討する時期だからです。この時期は物件の需要が供給を上回ることも多く、家賃を若干引き上げても入居者を確保しやすい状況となります。

一方で、夏場、特に7月から9月にかけては典型的な閑散期となります。この時期は気温が高く、引っ越しそのものを避けたい人が多いため、賃貸需要が著しく低下します。また、お盆期間中は引っ越し業者の予約も取りにくく、一般的に不動産市場全体の動きが鈍くなります。

このような閑散期に募集を開始する場合、市場実勢よりも家賃を下げざるを得ないケースが多くなります。例えば、通常であれば最低でも8万円台前半で募集できる物件でも、

8万円以下に家賃を引き下げなければ入居者が見つからないことも珍しくありません。

したがって、オーナーとしては、可能な限り繁忙期に合わせて募集活動を行うことが望ましいと言えます。

もっとも、既存入居者の退去時期をコントロールすることは難しいため、閑散期の募集を完全に避けることは現実的ではありません。このような季節変動リスクも考慮に入れた上で、収支計画を立てることが重要です。

空室リスクが顕在化する要因はさまざま

不動産投資において最も警戒すべきリスクの一つが「空室リスク」です。マンション投資では、多くの場合ローンを活用して物件を購入しますが、入居者が見つからない状況が続けば、毎月のローン返済が大きな負担となります。それだけでなく、長期の空室は物件の資産価値を低下させ、投資計画そのものに深刻な影響を及ぼす可能性があります。

空室リスクが顕在化する原因はいくつか考えられます。まず、立地条件の変化です。例えば、主要企業の撤退や商業施設の閉鎖、交通アクセスの変更などにより、エリアの利便性や魅力が低下すると、賃貸需要が減少する恐れがあります。

また、建物の老朽化も大きな要因の一つです。適切なメンテナンスを怠ると、物件の競争力は急速に失われ、入居希望者の選択肢から外れてしまう可能性が高まります。

さらに、周辺の賃貸物件との競争も避けては通れません。新築物件の大量供給や、より条件の良い物件の登場によって、既存の物件の魅力が相対的に低下し、入居者の確保が難しくなることがあります。

しかし、空室リスクを適切に管理し、対策を講じることで、その影響を最小限に抑えることは十分可能です。市場動向をしっかりと分析し、立地の選定や物件の維持管理を徹底することで、安定した賃貸需要を確保し、不動産投資を成功へと導くことができるのです。

不動産投資の対象となる物件にはどのようなものがあるのか

続いて不動産投資の対象となる物件の種類について確認しておきましょう。

不動産投資の対象となる一般的な物件の種類としては大きく区分マンション、一棟アパート・一棟マンション（一棟物件）、戸建ての三つが挙げられます。また、区分マンションはファミリータイプと単身者を対象としたものに分けられます。

さらにそれぞれについて新築、中古の違いに応じた特徴、メリット・デメリットなどがあります。次ページに挙げた図4の表は区分マンションと一棟アパート・一棟マンションに関してメリットなどをおおまかにまとめたものです。

これらのうち、区分マンションについては後ほど詳しく述べるとして、以下では一棟物件、戸建てのそれぞれに関して、投資する場合の注意点や特質などについて簡単に説明しておきましょう。

〈図4〉各物件のメリット・デメリット比較

	物件区分	メリット	デメリット	どのような人が向いているか
一棟	中古木造アパート	• 収益性（利回り）が高い • 減価償却が年度で大きく取れる • 賃料の下落率が低い • キャピタルロスが少ない • 物件価格の幅が広い	• 修繕・メンテナンスが必要で高額 • 長期の融資が付きづらい • 都心部では高額なため厳しい • 天災被害が大きい（リスク集中）	• 所得の高い個人（税金対策） • 小規模の1棟から始めたい方
一棟	新築アパート	• 長期の融資が使える • 修繕費が当初軽い • 賃料が当初高く取れる • 初期の入居がつきやすい	• 賃料が下がる • 年度の減価償却が少ない • キャピタルロス出やすい • 土地形状の悪い物件が多い • 出口がとりにくい • 天災被害が大きい（リスク集中）	• 法人（資産管理法人等）取得 • 自己資金の割合が多い方 • 出口を重視しない方
一棟	中古 RC マンション	• 賃貸需要が安定 • 資産性が高い • キャピタルロスが少ない	• 利回りが低い • 積算評価が出にくい • 都心部では高額なため厳しい • 天災被害が大きい（リスク集中）	• 法人（資産管理法人等）取得 • 自己資金の割合が多い方 • 相続税対策が必要な方
区分	中古区分マンション（ファミリータイプ）	• 賃貸需要が安定（都心部） • 少ない資金から始められる • キャピタルロスが少ない（都心部）	• 修繕・メンテナンス費用が高い • キャッシュフローが0か100 • 都心部は高額なため厳しい • 修繕・メンテナンスが必要	• サラリーマンなど
区分	中古区分マンション（1K〜1LDKタイプ）	• 賃貸需要が安定（都心部） • 流動性が高い • 少ない資金から始められる • キャピタルロスが少ない • 賃料の下落率が低い	• キャッシュフローの額が小さい（1戸の場合0か100） • 修繕・メンテナンスが必要	• サラリーマンや若い方 • 少額から手堅く始めたい方 • 複数所有を考えている方
区分	新築区分マンション	• 融資先の選択肢が多い • 長期の融資が使える	• 価格が高い • 賃料が下がる • 出口がとれない • キャピタルロスが出る • キャッシュフローが出ない	• かなり長期的に考える方

一棟物件は融資を組むことが難しい

まず一棟物件投資の最大の特徴は、その取引規模の大きさにあります。例えば、東京のワンルームマンション1部屋の価格が2000万円台〜6000万円台程度であるのに対し、10部屋以上を有する一棟物件では、その価格は当然ながら1億円を超え、場合によっては数十億円規模に達します。

実際、都内の良質な物件では10億円台が一般的な取引価格となっており、比較的立地条件が劣る三河島のようなエリアでも、20部屋規模の物件が4億円〜5億円で取引されています。

このような高額な物件に投資するには、資金調達が大きな課題となります。例えば、年収1000万円レベルのサラリーマンでも数億円規模の融資を受けるのは非常に困難です。

通常、このような大規模な投資を行うためにローンを利用したいのであれば高額な資産を保有しているなど、特別な条件が必要になります。

また、一棟物件の管理は、区分所有のマンションとは異なり、建物全体を見据えた総合的な維持管理が必要です。バルコニー、エレベーター、非常階段、外壁など、細部にわたる広範な管理が求められます。

特に外壁のメンテナンスは重要で、タイル張りの建物では適切な補修を怠ると剥落事故につながる可能性があります。さらに、屋上の防水塗装や排水設備の維持も欠かせません。こうした管理が不十分であると、建物の資産価値が低下するだけでなく、長期的な収益性にも悪影響を及ぼします。

さらに一棟物件の大きなデメリットの一つに、売却の難しさがあります。ワンルームマンションのように一般の個人投資家が気軽に購入できるわけではなく、買い手の層が企業や資産家に限られるため、売却に時間がかかるケースも珍しくありません。

しかし、それを上回るメリットが一棟物件に存在するのは事実です。最大の魅力は、やはり収益性の高さです。都内の中古ワンルームマンションの利回りが一般的に4％程度であるのに対し、一棟物件では6％～7％程度の利回りが期待できます。

ただし、この高い収益性を維持するには前述のように適切な管理が欠かせません。修繕費用や大規模改修に備えた計画的な資金管理が必要なだけでなく、周辺エリアの新築物件との競争に対応するため、継続的なメンテナンスや設備の更新も求められます。さらに、利回りは満室時の数値であるため、空室が発生すると実際の収益性は低下する点にも注意が必要です。

このように、一棟物件投資は高い収益性が期待できる一方で、資金調達や維持管理、売却時の課題など、多くのハードルが伴います。成功するためには、これらの要素を総合的に検討し、短期的な利益ではなく、長期的な視点で安定した運営を行うことが不可欠となるでしょう。

戸建て不動産投資は空室リスクが小さくない

戸建て不動産投資は、もっぱらファミリー層をターゲットにした投資手法です。特に、3ＬＤＫや4ＬＤＫといった広めの間取りは、子供がいる家庭に適しており、国内外の転勤世帯や長期出張者からのニーズが少なくありません。さらに、近年ではリノベーション を施し、古民家カフェや週末の貸し別荘として活用するなど、新しい運用スタイルも広が りつつあります。

戸建て投資の大きなメリットは、高い家賃収入が期待できる点にあります。ワンルーム マンションと比較すると、広い居住スペースを提供できるため、家賃設定を高めにできる 傾向があり、立地や条件次第では月額20万円以上の賃料収入を見込めることもあります。

加えて、ファミリー層は一度入居すると長期間住み続けることが多いため、頻繁な入退 去の心配が少なく、安定した賃貸経営が可能です。また、マンションのように管理組合の 規約に縛られることがないため、自由度の高い運用ができるのも魅力の一つです。リ フォームや用途変更の選択肢も広く、リノベーションを施すことで物件価値を高め、高い 賃料や売却益を得るチャンスも広がります。

しかし、戸建て投資にはいくつかの課題もあります。その一つが、物件管理の負担です。 特に木造の戸建ては、鉄筋コンクリート造と比較して劣化が早く、メンテナンス費用がワ ンルームマンションの数倍にも及ぶことがあります。物件の規模が大きい分、一度に発生 する修繕費用も高額になりがちであるため、将来的な支出を見据えた資金計画が不可欠となります。

また、入居者確保の難しさも無視できません。戸建てはファミリー向けであるがゆえに、単身者向けの物件よりもターゲット層が限られます。入居者が転勤などで退去した場合、新たな入居者を見つけるのに時間がかかることがあり、特に立地条件によっては空室期間が長引くリスクもあります。駅から遠い物件や、周囲に学校や商業施設が少ないエリアでは、入居者が見つかりにくくなるため、事前の市場調査が重要となります。

このように戸建て不動産投資を成功させるためには、物件の状態や築年数を慎重に見極め、将来的な管理コストを考慮することが不可欠です。また、ファミリー層が求める立地条件を十分に調査し、子育てしやすい環境や生活利便性の高さを重視することが、安定した賃貸経営につながります。短期的な利回りの高さだけでなく、長期的な視点で収益性を試算し、修繕費や空室リスクを考慮した資金計画を立てることも重要です。さらに、自身での管理が難しい場合は、管理会社を活用するなどの工夫も必要になるでしょう。

空室リスクを最大限避けられる物件選びとは

続いて、区分マンション投資について詳しく見ていきましょう。

不動産投資において、空室リスクを避けることは、安定した収益を確保するために非常に重要なポイントです。いくら利回りが高くても、空室が続いてしまっては家賃収入が得られず、毎月のローン返済にも支障をきたすことになり、最終的には投資の成功が難しくなります。

そうした空室リスクを避けるためには、購入時の物件選びが何よりも大切であり、具体的には、以下の三つの条件を満たした物件に投資することが最も理想的といえるでしょう。

①エリアは東京（もしくはその近郊）
②単身者向けのワンルームマンション

③新築ではなく中古

では、それぞれの理由について詳しく解説していきましょう。

なぜ東京なのか

まず、なぜエリアは東京を選ぶべきなのでしょうか。

日本全体では人口減少が進行しているものの、東京は依然として安定した人口増加を維持しています。特に注目すべきは、単身者の流入が顕著である点です。これには、企業の本社機能が東京に集中していることや、高度な教育機関の存在、多様な就業機会の提供といった要因が絡み合っています。

とりわけ単身者の増加は、不動産投資において極めて重要なポイントです。特にワンルームマンションやコンパクトな１ＬＤＫなどの物件は、単身者の安定した需要があるため、空室リスクを最小限に抑えられます。

さらに、東京の不動産市場の特徴として、以下の点が挙げられます。

①安定した需要層の存在

新卒入社の若手社会人、転職者、留学生など、常に新しい需要が生まれ続けています。特に、就職や転職に伴う転入は、年間を通じて安定的に発生します。

②充実したインフラ

公共交通機関の発達により、都心部へのアクセスが容易です。また、商業施設や医療機関など、生活に必要な施設が充実しています。これらの要素は、入居者にとって重要な選択基準となります。

③賃料水準の安定性

人口集中により、賃料水準は比較的安定しています。景気変動の影響を受けにくく、長期的な収益が見込めます。

また、東京では至る所で再開発プロジェクトが継続的に進行しており、街全体の価値向上が期待できます。これは個々の不動産価値の維持・向上にもつながり、投資の安全性を高める要因となっています。

このように、東京への不動産投資は、人口動態や経済的要因から見ても、安定性と収益性の両面で優位性を持っています。特に、単身者向け物件については、継続的な需要が見込めることから、投資対象として非常に魅力的だといえます。

入居者の視点から立地を選ぶことが大切

ただ「東京ならどこでも良い」というわけではなく、そこからさらに場所を絞る必要があります。その際には、入居者の視点を意識することが求められます。

第一に重視されるのが「駅からの距離」です。特に、徒歩5分圏内、さらに3分以内の物件は常に需要が高く、空室リスクが低いため、安定した家賃収入が期待できます。

一方、駅から15～20分以上離れる物件は、家賃を下げても入居者確保が難しく、投資効率が悪化する可能性が高くなります。

また、投資収益を最大化するためには、複数の路線が利用できるエリアを選ぶのが賢明です。例えば、新宿のように丸ノ内線、大江戸線、ＪＲなどの路線が交差する地域は、入居希望者の層が厚く、景気変動の影響を受けにくいという利点があります。

さらに物件の資産価値を左右する要素として、「周辺環境の充実度」も見逃せません。生活に欠かせないスーパーや商店街、医療施設が整っているエリアは、利便性の高さから人気があり、長期的に安定した価値を維持しやすい傾向にあります。

特に、品川区の戸越銀座や板橋区の大山商店街のような活気ある商店街が付近にあることは、不動産価値を高める大きな要因となります。人々が集まり、賑わいのある地域では、自然と地域コミュニティが形成されるため、そうした住み心地の良さが魅力となり資産価値の下支えとなるのです。

東京の周辺エリアにも目を向けてみる

首都圏の不動産投資においては、やはり東京都内が最も有力な投資先となりますが、その周辺エリアにも魅力的な投資機会が存在します。特に、神奈川県と埼玉県は東京への優れたアクセス性と相対的に手頃な価格帯を兼ね備えており、注目すべき投資対象エリアとして挙げられます。

まず神奈川県の中では、川崎市と横浜市が投資対象として非常に魅力的です。川崎市では近年、大規模な再開発が進み、街の景観や機能が大幅に向上しています。

特に武蔵小杉エリアではタワーマンションの建設が相次ぎ、都市としての魅力が飛躍的に高まっています。

また、川崎駅を中心としたエリアではラゾーナ川崎をはじめとする大型商業施設の整備が進み、生活利便性も向上しており、安定した賃貸需要が見込めます。

横浜市では、みなとみらい、桜木町、関内、横浜駅周辺が特に注目されています。とりわけ、みなとみらいエリアは商業施設・オフィス・高級住宅が集積し、今後の発展が期待されるエリアの一つです。

また横浜市営地下鉄ブルーライン沿線のエリアには、東京並みの賃料を設定できるところも少なくありません。都市機能と住環境が整った横浜は、投資先として非常に魅力的な地域といえるでしょう。

埼玉県では、大宮、浦和、川口といった東京都心へのアクセスが良好なエリアが特に有望です。大宮は新幹線が利用できる交通の要衝であり、ビジネスの中心地としての側面も持つため、投資価値の高いエリアです。駅周辺の再開発が進み、高層マンションや商業施設の整備が進行中で、今後さらに利便性が向上し、不動産価値の上昇が見込まれます。

一方、浦和は埼玉県内でも教育環境が整い、住環境の良さで人気の高いエリアです。都心へのアクセスの良さに加え、駅前の商業施設や公共施設の充実により、長期的な安定した賃貸需要が期待できます。

また川口は東京都心に近接しているため、特に単身世帯やファミリー層からの人気が高まっています。JR京浜東北線を利用することで、東京方面へスムーズにアクセス可能であり、大宮と同様に駅周辺の再開発が進められていることから、不動産価値の上昇する可能性が高いといえるでしょう。

東京以外で有望なエリアの見分け方は？

以上のほかにも、投資対象として有望なエリアはまだまだあるはずです。そこで、東京近郊で投資エリアを選定する際に重要となるポイントを、以下の三点にまとめました。

第一に、東京都心部へのアクセスの良さです。特に単身サラリーマンや若年層をターゲットとする場合、通勤時間の短縮と利便性の高さは物件選びの大きな要素となります。主要ターミナル駅へのアクセスが良好なエリアほど、安定した賃貸需要が見込めるでしょう。

第二に、地域の発展性です。再開発が進むエリアは、将来的な資産価値の向上が期待できます。例えば先ほど述べたような川崎市の武蔵小杉のように、都市機能の向上とともに賃料や不動産価格が上昇するケースは少なくありません。

第三に、生活インフラの充実度です。商業施設や教育機関、医療施設などの充実は、長期的な資産価値の維持・向上につながります。

地方の中核都市は投資対象として適切なのか

なお「東京やその近郊でなくても、大阪や名古屋、仙台のような地方の主要都市なら十分な賃貸ニーズが期待できるのではないか」と思う人もいるかもしれません。

もちろん、大阪や名古屋といった大都市にも魅力的な投資物件はあります。物件価格も東京より手頃なので、よく調べて選べば十分な収益が期待できるでしょう。ただし注意が必要なのは、投資に適したエリアが東京と比べればかなり限られるという点です。

地方都市の特徴をよく表しているのが、ターミナル駅から少し離れただけで街の様子が大きく変わってしまうという点です。例えば、名古屋や博多といった大都市でも、中心部から3～4駅も離れると、もう郊外の雰囲気が強くなってきます。

これに対して東京はどうでしょうか。23区内はもちろん、埼玉や千葉、神奈川との境目でも、街並みはそれほど変わりません。都心から離れても「まだまだ栄えているな」と感じるのが東京の特徴です。これは、ＪＲや私鉄各線、東京メトロ、都営線などの路線が縦横無尽に走り、どの駅周辺にも生活に必要な施設がしっかりと整っているからだと考えられます。

また、地方都市で投資を考える際に大切なのは、その土地のことをよく知ることです。特に土地勘のない場所では、地元の人に話を聞いたり、実際に街を歩いてみたりすることが重要です。人口が減少している地域も多いので、将来的な需要も考慮に入れる必要があります。

つまり、地方都市への投資は一概に悪い選択とはいえませんが、東京のような感覚で物件を選ぶのは危険です。その地域特有の事情をしっかりと理解し、慎重に判断することが求められます。

区分は需要が高く、少ない自己資金で始めることができる

次に投資対象としてワンルームマンションをお勧めしたい理由について説明しましょう。

まず、第一に挙げたいのは賃貸需要の高さです。東京では転勤や転職による住み替えが頻繁なため、特に単身者向けの1Kタイプの物件は常に一定のニーズが見込めます。ことに最近のトレンドでは、いわゆる3点ユニットバスではなく浴室、トイレ、洗面所が分離した独立性の高いタイプが好まれ、これに対応した物件は競争力が高くなっています。

また、ワンルームマンション投資の魅力の一つに、比較的少ない自己資金でスタートできることが挙げられます。

ワンルームマンション投資では、ローンを利用する場合、物件価格の100%まで融資を受けられる場合があります。そのため一般的な2000~3000万円クラスの物件でも、物件購入費以外の諸費用を賄える自己資金があれば十分にスタートできるケースが多

いのです。

初期費用として必要になる費用は仲介手数料を除けば、事務手数料、登記費用、契約書の印紙代などを含めて、1物件当たり50～60万円程度を見込んでおけば大丈夫でしょう。保険に関しては、それらとは別に火災保険と地震保険を5年分まとめて40～50万円ほど必要になりますが、これらの費用は経費として計上できるため、税務上のメリットも期待できます。

さらに年収などの条件によっては年収の8倍程度まで融資を受けられる可能性があります。そのため複数の区分マンションを購入し、資産を分散して運用している投資家も少なくありません。

このように、ワンルームマンションは入居ニーズが安定している上に、比較的小さな初期投資で始められることから、不動産投資の第一歩を踏み出す人に適した選択肢といえます。特に、東京のような大都市圏では、今後も単身者の需要が見込めるため、長期的に安定した収益を確保しやすい投資対象といえるでしょう。

中古は資産価値の減少が起きにくい

続いて、新築よりも中古を選ぶ方が望ましい理由について説明しましょう。

第一に中古マンションは新築マンションと比較して、資産価値が下落する危険性が小さいと言うことができます。

中古マンションは新築時の割高な価格設定による価値の急落をすでに経験しているため、今後の価値下落が緩やかになります。

例えば、新築マンションの価格には、建設費用や土地代に加えて、販売時の広告費などの付加的なコストが上乗せされており、4000万円で販売された物件が、数年後には3500万円程度まで下落することも珍しくありません。

一方、中古マンションはすでにそうした価格調整を経ているため、急激な価値下落のリスクが低くなっています。

賃料面でも、中古マンションは市場相場に即した安定的な水準で推移します。具体的な例を挙げると、新築マンションでは当初8万円の賃料設定が可能でも、近隣に新しい物件が建設されると、入居者確保のため7・5万円に下げざるを得ないケースがあります。

これに対し、中古マンションは最初から周辺相場に即した7万円程度の賃料設定で運営されているため、大きな変動が起こりにくいのです。

管理費や修繕積立金についても、新築マンションは当初、管理費4000円、修繕積立金1000円といった低めの設定からスタートしますが、物価上昇や建物の経年劣化に伴い、数年後には管理費が6000円、修繕積立金が3000円といったように大幅な上昇が見込まれます。

一方、中古マンションはすでに適正な水準で設定されているため、将来的な費用増加による収支への影響が比較的小さくなります。

このように、中古マンションは実勢相場に基づいた価格設定と安定した収支構造を持つため、新築マンションと比べて資産価値の変動が小さく、より安定的な不動産投資対象となり得ます。特に、長期的な資産形成を目指す投資家にとって、この特徴は重要な検討ポイントとなるでしょう。

中古物件はリノベーションで投資価値を向上できる

また、中古物件はリノベーションやリフォームを活用することで不動産投資のパフォーマンスをさらに向上させることができます。

簡単なところでは、アクセントウォールの利用や特殊壁紙の活用などにより、比較的低コストで空間の印象を大きく変えることが可能です。一例を示すとレンガ調カッティングシートを使用することで、本物のレンガを積む工事をすることなく、高級感のある空間を演出できます。

また、室内で使う設備に関しても古いものを新しいものに交換することで、賃料の下落を防ぎ、場合によっては賃料アップも期待できます。

さらに、専有部分内であれば大規模な改装も可能です。スケルトン化と呼ばれる工事では、内壁を全て撤去して空間を一から作り直すことができます。これにより、間取りの自由な変更、水回りの位置変更（配管工事を伴う）、そして空間の有効活用の最適化が可能になります。

こうしたリノベーションを行うことによって、十数㎡程度のワンルームでも、工夫次第で居住性を大きく向上させることができます。具体的には、キッチンの位置を少しずらして洗濯機置き場を確保したり、使用頻度の低い浴槽をシャワールームに変更して洗面スペースを広げたりといった工夫が可能です。このような改修には1室当たり50～60万円程度かかりますが、賃貸需要の向上につながる効果的な投資となるはずです。

ただし、リノベーションは自由かつ無制限にできるわけではありません。共用部分（バルコニーなど）の改修は禁止されており、隣室との境界壁などの改修も不可です。さらに、実施する際にはマンション全体の管理規約に従って行う必要があります。

中古物件の市場は今後どう変化していくのか

　ここまで中古物件の新築物件に対する優位性について述べてきましたが、中古マンション市場の将来展望に関しては興味深い動向が見えてきています。

　まず、中古マンション市場は今後、着実な上昇傾向が続くと予測されています。その大きな要因として、新築マンションの価格上昇が挙げられます。現在、建設資材の価格が高騰し、さらに人件費も最低賃金の引き上げに伴って上昇しています。また、国際情勢の影響で資材の輸入コストも増加傾向にあり、これらが重なって新築マンションの価格を押し上げているのです。こうした新築価格の上昇は、自然と中古市場にも波及していくと見られているのです。

　地域別に見ると、現在、都心部では中央区、六本木、恵比寿といった人気エリアでは、ワンルームタイプでも３０００万円後半～４０００万円台という価格帯で取引されていいます。板橋区や足立区などでは高くても３０００万円台半ばが中心ですが、この価格帯も徐々に上昇傾向にあります。さらに、埼玉、神奈川、千葉といった都県境エリアでも、今後の価格上昇が見込まれています。

東京の不動産市場が持つ強みも、この上昇傾向を後押ししています。先に述べたように東京は日本の政治・経済の中心地として、多くの企業や教育機関が集中しており、グローバルな注目度も非常に高い状態が続いています。

投資の観点から見ると、中古区分マンションは株式やＦＸなどと比べて比較的安定した投資対象といえます。確実な賃料収入が期待でき、東京への単身者流入が継続する見込みもあることから、需要面での不安も少ないと考えられます。

こうした状況を踏まえると、投資のタイミングとしては、今が一つの理想的な時期といえるかもしれませんが、どんな投資にもリスクは付きものです。物件選びや資金計画については、入念な準備が大切です。特に初めての不動産投資であれば、専門家のアドバイスを受けながら、慎重に判断を進めることをお勧めします。

ファミリータイプは空室リスクが高い

これまで主に単身者向けのワンルームマンションに焦点を当てて解説してきましたが、ファミリータイプのマンションへの投資に関心を持つ人もいるかもしれません。

そこで、単身向け物件と比較しながらファミリータイプの物件の特徴とメリット・デメリットについても確認しておきましょう。

まず、ファミリータイプのマンションへ投資する方法としては以下の二つの選択肢が考えられます。

①安定した収益が見込める「賃貸運用」

ファミリー向け物件は、入居者の定着率が高く、長期間の契約が期待できるため、安定した家賃収入を得られる可能性があります。

②価値を高めて売却する「リノベーション転売」

もう一つの戦略として、リノベーション後の転売があります。資金に余裕がある場合、ファミリー向けの物件を購入し、リノベーションによって資産価値を向上させた上で売却すれば、より大きな利益を狙うことができます。

特に、近年はリノベーション済みマンションの需要が高まっており、魅力的な物件であれば、一定期間賃貸運用した後に売却するという選択肢も有効です。

ただし、現在の賃貸市場において最も収益性が高いのは、やはり単身者向けのワンルームマンションといえます。

例えば、東京都内の家賃相場を見てみると、

ワンルーム（1K）　➡　8～9万円程度
40㎡の1LDK　➡　倍の16万円には届きにくい
60～70㎡の3LDK　➡　面積が3倍以上になっても家賃は20万円前後

つまり、投資金額に対する家賃収入の比率を考えると、単身者向けの1Kタイプが最も効率的なのです。

もちろん、ファミリー向け物件には「長期入居による安定性」や「リノベーション転売の可能性」といったメリットもありますが、不動産市場における収益率や利回りの観点では、ワンルームマンションの方が有利であることが分かります。

不動産を購入する方法

投資したい物件の種類が決まったら、どのように購入すればよいのでしょうか。

物件を購入する際の方法としては、大きく分けて「不動産会社（宅地建物取引業者）の仲介を通じて購入する方法」と「不動産会社（宅地建物取引業者）が売っている物件を直接購入する方法」の二つがあります。

まず、仲介で物件を購入する場合には、仲介手数料が発生することを考慮しなければなりません。通常、物件価格の3％に6万円を加えた額と消費税が必要となり、例えば2500万円の物件では90万円近くの費用がかかります。

一方、売主から直接購入するのであれば仲介手数料と消費税が不要なため、初期費用を大きく抑えることができます。これは非常に大きなメリットといえます。

また、仲介を通じて購入する場合、売主の責任は一般に契約不適合責任という民法で定められた責任に限定されます。この契約不適合責任とは、引き渡された物件に契約の内容に適合しない点（いわゆる「隠れた瑕疵」など）があった場合に、買主が修補や代金減額、損害賠償などを請求できる権利のことです。ただし、この責任は原則として物件の引き渡しから1年以内に買主が売主に通知しなければ請求できません。また、特約で契約不適合責任を排除することもできます。つまり、売主が契約不適合責任を一切負わないと定めることも可能です。

他方、不動産会社が売主となる物件に関しては、契約不適合責任を完全に排除することはできません。また、売主が不動産会社の場合、契約不適合責任以上の保障を行っていることもあります。実際、私の会社でも契約不適合責任に加えて設備保証を約束しています。

こうした特別な保障があることは、不動産に投資する人にとって大きな安心材料となるはずです。

また、最近はＳＵＵＭＯなどの不動産仲介サイトを活用して、投資物件を探す人も増えていますが、これに関しても注意が必要です。

基本的に良質な物件は不動産業者がすぐに押さえてしまうため、仲介サイトに掲載される物件の中には慎重な判断が必要なものも多く含まれています。その一例が「任意売却物件」です。これは、住宅ローンの返済が困難になった所有者が、金融機関の同意を得て自主的に売却する物件を指します。

確かに、こうした物件の中には相場よりも安く購入できるものもありますが、実際に詳しく調べてみると、管理費や修繕積立金が長期間滞納されていたり、内部が大きく劣化していたりするケースも少なくありません。そのため、不動産投資に慣れていない人が安易に手を出すのはリスクが高いといえます。

競売に強い業者を通じて物件を入手するという選択肢も

あまり一般的ではありませんが、不動産を取得する方法の一つとしては、「競売」という手段もあります。これは裁判所が実施する公的な不動産売却で、市場価格よりも安価に物件を取得できる可能性がある点が特徴です。しかし、一般の投資家が直接競売に参加するにはいくつかの課題があります。

まず、競売物件は内覧が制限されていることが多く、現地での確認ができないため、物件の状態を詳細に把握することが難しくなります。加えて、賃借人が残っている場合は明け渡しまでに時間とコストがかかることがあり、権利関係が複雑なケースでは、専門的な知識がないとリスクを見極めるのが困難です。

こうしたハードルを考えると、自身が直接競売に参加するのではなく、競売に強い不動産業者を通じて投資用マンションを購入することが、非常に合理的な選択肢といえます。

経験豊富な業者は、競売市場に精通しており、優良物件を見極める目利きの力を持っています。適正価格の判断や将来性の分析にも優れており、投資家にとって安心感のある取引を提供してくれるでしょう。

さらに、競売物件を取得した後の価値向上のノウハウを持つことも、こうした業者の大きな強みです。適切なリノベーションを施し、賃貸市場のニーズに合わせた魅力的な住空間へと変えることで、より高い収益性を実現することが可能になります。また、権利関係の整理や賃借人との交渉にも精通しており、スムーズな対応が期待できる点も大きなメリットです。

加えて、競売市場で仕入れた物件を適正価格で提供できるため、市場価格で購入するよりも投資効率を高められる可能性があります。

ただし、こうしたメリットを最大限に活かすためには、信頼できる業者選びが不可欠です。実績や評判をしっかりと確認し、アフターフォローの体制が整っているかどうかを見極めることが重要です。ちなみに、私たちの会社も創業以来、競売物件の取得・再生を重要な事業の柱としてきました。過去には東京エリア内で落札数トップ1になったこともあるほど、20年以上にわたって培った経験とノウハウにより、良質な競売物件を見極め、適正価格で投資家の方々にご提供できる体制を整えています。

区分マンションを複数所有することでリスクを分散させる

先に述べたように、単身者向けの区分マンションは比較的手頃な価格で購入できるため、複数所有することも十分に可能です。

特に投資のリスクを抑えながら安定した収益を目指すなら、異なるエリアに分散して物件を持つことが効果的です。では、なぜエリアを分散させることが重要なのでしょうか？

まず考慮すべきなのが災害リスクへの対策です。例えば、湾岸エリアと文京区のような内陸部に物件を分散して所有していれば、地震や津波などの自然災害による影響を最小限に抑えられます。仮に一方のエリアが被災したとしても、もう一方の物件が稼働していれば、投資全体への影響を軽減できるのです。

また、エリアによる不動産価値の変動も見逃せません。あるお客さんの実例ですが、その方は当初、都内の山の手エリアにこだわっていたものの、私のアドバイスを受けて下町エリアにも投資を広げた結果、予想以上の価値上昇を経験し、好条件での売却に成功しました。このように、エリアを分散することで、価格変動の恩恵を受けるチャンスも広がるのです。

特に注目したいのが、都市再開発による資産価値の上昇です。新宿や渋谷のように大規模な開発が進んでいるエリアでは、新しい商業施設やインフラの整備により、不動産価格が大きく上昇するケースがあります。複数エリアに投資しておけば、こうした開発効果を効率的に取り込むことができるのです。

さらにエリアの分散だけでなく、異なる価格帯や物件タイプを組み合わせることも有効な戦略といえます。例えば、２０００万円台のワンルームだけでなく、３０００万円台の１ＤＫや１ＬＤＫにも投資を広げることで、より幅広い需要に対応することが可能となります。１ＤＫや１ＬＤＫの物件は、将来的に投資家だけでなく、実需層（自分で住むために購入する人）にも売却できるため、より多くの買い手を引きつけることができ出口戦略の選択肢が大きく広がるのです。また、空室になったタイミングでリノベーションを実施し、住宅ローンが適用できる物件として販売すれば、より高い売却価格を実現できる可能性もあります。

そして、こうした分散投資の魅力を最大限に活かすためには、やはり新築物件よりもそれぞれの個性を活かした投資戦略を立てやすい中古物件を投資対象とするのが合理的といえるかもしれません。

このように、エリア・価格帯・物件タイプを分散させることで、リスク管理と収益機会の最大化を同時に実現することができます。そして、中古物件を活用すれば、さらに柔軟な戦略を立てることが可能になります。

単一のエリアや物件にこだわるのではなく、市場の変化や今後のニーズを見据えてポートフォリオを組むことで、より安定した資産形成ができる——将来を見据えた堅実な投資の選択肢として、不動産投資に分散投資の視点を取り入れてみてはいかがでしょうか？

災害リスクに備えてハザードマップはしっかりと確認する

不動産を購入する際には災害リスクについても注意を払うことが必要です。地震はもちろん、特に近年は気候変動の影響により、水害をはじめとしたそれ以外の自然災害も増加傾向にあり、より慎重な検討が必要になってきています。

まず物件を選ぶ際には、ハザードマップをしっかりと確認することが大切です。金融機関も海抜や津波リスクなどを重視していて、危険地域では融資が通りにくくなることもあります。

特に注意が必要なのは、1階の物件を購入する場合です。一般に川の近くなど、浸水の可能性があるエリアでは水害のリスクが高くなります。ただし、3階や4階まで浸水するケースは非常に稀で、ことに東京のような都市部では河川の整備が十分に行われているため、大規模な水害の可能性は比較的低いといえます。そのため、私自身が物件をお客様に紹介する際には「1階が浸水の影響を受けるかどうか」を何よりも重視し、水害リスクをしっかりと確認し、安全性の高い選択ができるようにアドバイスしています。

さらにリスク対策として重要なのは、適切な保険への加入です。地震保険に単独で加入するか、火災保険のオプションとして付帯するかを検討しましょう。この部分は無理に節約せずに、しっかりと備えておくことが賢明です。

また、先にも触れましたが投資物件を一カ所に集中させず、地域を分散させて保有することもリスク軽減の有効な戦略です。なお万が一、建物が被害を受けた場合でも、マンションの場合は敷地の所有権は持分という形で保持されているため、土地の価値は残ります。

それから、関連会社とのつながりが強い管理会社を選ぶことも大切です。例えば、室内の家財の破損や壁のひび割れなどが発生した際に、対応力の高い管理会社は、関連会社のネットワークを活用して、迅速に調査や修繕の手配をしてくれます。水回りに強い業者、内装が得意な業者など、状況に応じて適切な業者を手配できる体制を持っている管理会社を選びましょう。

投資である以上、リスクは避けられません。大切なのは、リスクが現実になった時の対応をしっかりと準備しておくことです。信頼できる管理会社と組んで、適切な保険でリスクをヘッジし、物件の地域分散を図りながら、定期的に対策を見直していく、そうした地道な取り組みが、長期的な不動産投資の成功につながっていくのです。

東京は災害復旧力が高い

なお、東京とその近郊エリアは自然災害に対して驚くべき回復力を持っています。これは歴史的にも証明されており、関東大震災からの復興をはじめ、さまざまな災害から迅速に立ち直ってきました。近年の例を見ても、２０１９年の武蔵小杉での台風による地下浸水は約一カ月で復旧を果たしています。

この迅速な復旧能力の背景には、東京ならではの特徴があります。まず、日本の中枢機能が集中している関係上、復旧を最優先せざるを得ない状況があります。また、人材や資材、設備など、あらゆる資源が東京に集中しているため、即座に対応が可能です。

一方で、能登半島地震などの例に見られるように、地方都市では災害からの完全な復興までに相当な期間を要することがあります。これは、復旧のための資材や人材の多くが東京などから供給される必要があり、物流や人員の移動に時間がかかることが主な理由です。

このように考えると、災害リスクという観点からも、東京の不動産は相対的に安全な投資対象といえるでしょう。万が一の災害時でも、社会インフラの迅速な復旧が期待でき、不動産価値への長期的な影響も限定的と考えられます。

民泊は勧められない

近年、マンション投資の選択肢として民泊が注目を集めています。そこで、購入したワンルームマンションの運用方法として「自分も民泊をやってみようか」と考える人もいるかもしれませんが、率直に言ってあまりお勧めしません。その理由を、不動産管理会社としての経験から説明したいと思います。

民泊の場合、海外からのバックパッカーなど、不特定多数の人が利用することになります。そうなると、通常の賃貸以上にハウスクリーニング費用がかかることが多く、さまざまなトラブルが発生するリスクも高くなります。

例えば、深夜のパーティーによる騒音問題、ゴミの分別ルールを守らない、共用部分の使い方が不適切、他の住人とのトラブルなど、管理上の問題が起きやすい傾向にあります。また、頻繁な入れ替わりによって設備の劣化も早まり、修繕費用の増加にもつながります。しかも、民泊の利用者は滞在が短期間なため、物件の損害が発生しても責任の所在が不明確になりやすく、修繕費用の請求も難しくなります。

こうしたリスクの大きさを考えると、購入したマンションは普通に賃貸するのが無難でしょう。保証会社の審査をしっかりと通過した一般のサラリーマンや単身者に賃貸することで、家賃の確実な回収が期待できます。

また、通常の賃貸であれば、入居者とのトラブルも比較的少なく、安定的な運用が可能です。長期の入居者は物件を大切に使用する傾向があり、トラブルが発生した場合でも、話し合いによる解決が可能です。

結論として、短期的な収益は民泊の方が高くなる可能性がありますが、長期的な資産運用という観点からは、従来型の賃貸運用の方が安全で安定的な選択肢だといえます。不動産投資は長期的な視点で考えることが大切であり、その意味でも、リスクの低い運用方法を選ぶことをお勧めします。

売り手、借り手は国際的に広がっている

投資した不動産の借り手や買い手は日本人だけとは限りません。日本の不動産市場は、今、国際色豊かになってきています。円安の影響で、海外の投資家にとっては日本の物件があたかもセール品のように見えているのです。

アメリカの大手企業から中国の個人投資家まで、さまざまな国の人たちが日本の不動産に興味を持っています。これも日本の不動産の魅力を物語っているかもしれません。

例えば湾岸エリアのタワーマンションは部屋の多くが海外の投資家に所有されています。また、身近な例を紹介すると、最近、当社のお客様が浅草に保有していた物件を中国の方が購入しました。その方は日本に一度も来ることがなく、ネット上のやりとりなどで手続きが全て終わりました。こういった国際的な取引が、もはや珍しくなくなってきているのです。

インターネットの発達で、海外にいながら日本の物件情報が簡単に手に入るようになったこともあり、この流れは今後も続きそうです。これは決して悪いことではなく、むしろ市場に新しい活力を生み出しているとも言えるでしょう。

また、賃貸市場に関しても、日本人以外の方のニーズが年々高まっています。近年、海外からの移住者や外国人労働者、留学生の数が増加しており、今後もこの傾向は続くと予想されています。そのため、「海外籍の方に貸すのは不安」と感じる必要はありません。むしろ、積極的に対応することで、これまで以上に賃貸需要の拡大や空室リスクの軽減につながる大きなチャンスととらえるべきでしょう。柔軟な視点を持つことで、より安定した賃貸経営を実現できる可能性が広がっているのです。

第4章

不動産投資が会社員の税金対策になる理由

不動産投資と税金は切っても切り離せない

私はこれまでセミナーや個別相談を通じて、不動産投資の節税メリットについて数えきれないほどお話ししてきました。その中で毎回感じるのは、多くの方が「税金が高い」と漠然とした不満を持っているものの、自分がどれだけの税金を払っているのか正しく理解している人は驚くほど少ないということです。

そのため、お話する際には、まずはご自身の源泉徴収票をあらためて確認するよう促すことから始めています。例えば、年収1000万円レベルの方なら、年間の源泉徴収額は80数万円、90数万円などに達することも珍しくありません。これはボーナス1回分に相当する金額で、大変に大きな負担になっています。さらに、高収入の方ほど配偶者控除の恩恵が受けられないケースも多く、実質的な税負担がより重くなっているのが現状です。

こうした現実を具体的な数字とともにお伝えすると、多くの方が「こんなに払っているのか！」と驚かれます。そして、その上で不動産投資による節税効果を説明すると、「そんなに減らせるの？」とさらに驚かれることが少なくありません。不動産投資が単なる資産運用の手段ではなく、税金対策としても極めて有効であることを、実感していただける瞬間です。

しかも、こうした税金の知識は税金対策だけにとどまらず、不動産投資をスムーズに進め、利益を最大化するためにも非常に重要なポイントとなります。

まず、不動産投資においてはキャッシュフローの管理が欠かせませんが、税金の知識がなければ適切に運用することは難しくなります。物件の収支が黒字であっても、税金の支払いタイミング次第では資金繰りが苦しくなる可能性があります。税負担を見据えた綿密な収支計画を立てることが、安定した投資運用のカギとなるのです。

また、税務申告を正確に行うことも必須です。誤った申告をすれば、税務調査やペナルティのリスクが生じます。特に経費の計上や不動産売却時の譲渡所得税の計算には細心の注意が必要です。

さらに、不動産投資は将来の資産形成や相続対策にも深く関わっています。不動産は相続税や贈与税の対象となるため、相続時の評価額や課税方式についての理解は欠かせません。賃貸収益を次世代にスムーズに引き継ぐためにも、適切な税務戦略を立てることが重要です。

このように税金を正しく理解し、適切な対策を講じることで、投資のリターンを最大化し、資産を守ることができるのです。

本章では、不動産投資をより効果的に実践するために、最低限知っておきたい基本的な税務知識について具体的に解説していきます。ぜひ、ここで得た知識を活かし、賢く税金と向き合いながら、不動産投資の可能性を広げていきましょう。

不動産の購入・管理にかかる税金は？

まずは、不動産の購入や管理に伴い発生するさまざまな税金について把握しておきましょう。特に注意すべき主な税金として、以下のようなものがあります。

①不動産取得税

不動産購入時に一度だけかかる税金で、税率は固定資産税評価額の4％とされています。なお2027年3月31日までに取得された物件の土地および住宅部分については軽減税率が適用され3％となります。

②登録免許税

不動産を購入する際には所有権保存登記や移転登記、ローンを利用する場合には抵当権設定の登記が行われます。その際に課されるのが登録免許税です。税率は建物の所有権保存登記については法務局の認定基準価格の0・4％、土地と建物の移転登記については固定資産税評価額の2％、抵当権の設定についてはローン金額の0・4％となります。また、以上は原則であって、住宅用家屋の登記にかかわる登録免許税に関してはさまざまな軽減税率が設けられています。

③印紙税

不動産の売買や住宅ローンの契約書を交わす際には、記載金額に応じて印紙税を納めな

〈図5〉印紙税の税率

印紙税額（1通または1冊につき）	
記載された契約金額が1万円未満	非課税
1万円以上10万円以下	200円
10万円を超え50万円以下	400円
50万円を超え100万円以下	1000円
100万円を超え500万円以下	2000円
500万円を超え1千万円以下	1万円
1千万円を超え5千万円以下	2万円
5千万円を超え1億円以下	6万円
1億円を超え5億円以下	10万円
5億円を超え10億円以下	20万円
10億円を超え50億円以下	40万円
50億円を超えるもの	60万円
契約金額の記載のないもの	200円

ければなりません。例えば売買に関しては、図5の通り売買代金によって金額が異なります（2027年3月31日までは「不動産売買契約書」および「工事請負契約書」の印紙税に関して軽減措置が設けられています）。

④固定資産税・都市計画税

どちらも不動産の所有者に対して毎年課税される税金で、不動産の所在する市区町村に納めます。固定資産税の税率は固定資産税評価額の1・4％、都市計画税は自治体によって異なりますが、最高で0・3％です（いずれに関しても特例で軽減措置が設けられています）。

これらの税金の中で、おそらく多くの方が最も負担を大きく感じるのは不動産取得税でしょう。また、固定資産税も毎年発生するため、長期的に見ると大きなコストとなります。しかし、不動産の取引時にかかる税金の多くは、確定申告の際に経費として計上できるため、適切な申告を行うことで税負担を軽減することが可能です。税金をただのコストと捉えるのではなく、賢く管理し、投資の効率を最大化する視点を持つことが重要です。

売却時にかかる税金もある

不動産は購入したときだけでなく、売却時にも税金が発生します。具体的には譲渡所得税がかかり、売却で得た利益（譲渡所得）に対して課税されます。ここで重要なのは、保有期間によって税率が大きく変わるという点です。

譲渡所得は、不動産の保有期間によって以下のように短期譲渡所得と長期譲渡所得に分かれ、それぞれ異なる税率が適用されます（なお２０３７年まではこれに復興特別所得税も加算されます）。

①短期譲渡所得

不動産の所有期間が5年以下の場合に適用されます。税率は比較的高く、所得税・住民税を合計すると39%になります。

②長期譲渡所得

不動産の所有期間が5年超の場合に適用されます。税率は20%と、短期譲渡よりも大幅に低くなります。

この違いにより、売却のタイミング次第で支払う税金が大きく変わるため、慎重に検討する必要があります。

例えば、2000万円で購入したマンションを売却して1000万円の譲渡益が出たとします。購入から5年以内に売却した場合（短期譲渡）と5年以上保有してから売却した場合（長期譲渡）とでは、税額に以下のような違いが生じます（復興特別所得税は除きます）。

- 購入から5年以内に売却した場合（短期譲渡）
譲渡所得税（所得税＋住民税）……39％
税額……390万円（1000万円×39％）
- 5年以上保有してから売却した場合（長期譲渡）
譲渡所得税（所得税＋住民税）……20％
税額……200万円（1000万円×20％）

この例では、たった数年の違いで支払う税金に190万円もの差が生じることになるのです。

このように、不動産投資において譲渡所得税の仕組みを理解し、適切な売却時期を見極めることは、最終的な投資収益を大きく左右する重要なポイントになります。ただ売るのではなく、税金まで考えた戦略的な売却計画を立てることで、より多くの利益を手元に残すことができるのです。

消費税がかかる場合とかからない場合

不動産を購入・賃貸する際、場合によっては消費税がかかることがあります。どのケースで課税されるのかを確認しておきましょう。

①不動産購入時の消費税

・新築物件

新築住宅を購入する際、建物部分には消費税がかかりますが、土地部分は非課税です。例えば、4000万円の新築一戸建て（うち土地2000万円、建物2000万円）の場合、建物分の2000万円に対して10％の消費税（200万円）が発生します。

・中古物件

中古住宅の消費税は「売主が誰か」によって異なります。

個人が売主の場合：建物・土地ともに消費税はかかりません。
不動産会社など課税事業者が売主の場合：建物部分には消費税がかかります（土地部分は非課税）。

②賃貸時の消費税
●居住用賃貸（アパート・マンションなど）
賃料は非課税です。
●事業用賃貸（オフィス・店舗など）
賃料には消費税がかかります。
例えば、月額家賃20万円のオフィスを貸す場合、消費税2万円が加算されます。

このように不動産取引における消費税は、購入か賃貸か、売主が誰か、利用目的が何かによって異なります。特に、事業用物件の賃貸や不動産会社からの購入では、消費税の影響が大きいため、しっかり確認しておきましょう。

損益通算とは

法人や個人事業主であれば、売上から経費を差し引いたものが所得となり、それを基に所得税や住民税が課されます。

それに対して、サラリーマンは一般的に経費が認められず、所得税や住民税の計算・手続きも全て勤務先が代行するため、税金対策の余地がほとんどありません。

しかし、不動産投資を始めることで、サラリーマンでも経費を計上できるようになり、税金を大幅に減らすチャンスが生まれます。その仕組みの鍵となるのが「損益通算」です。

損益通算とは、ある所得区分で発生した赤字（損失）を、他の所得区分の黒字（利益）と相殺することで、最終的な所得を圧縮し、所得税・住民税を減らす方法です。

日本の税制では所得が10種類に分類されており（図6）、このうち給与所得と損益通算できるのは以下の４つのみです。

〈図6〉所得の種類

① 利子所得	公社債や預貯金の利子、貸付信託や公社債投信の収益の分配などから生じる所得
② 配当所得	株式の配当、証券投資信託の収益の分配、出資の剰余金の分配などから生じる所得
③ 不動産所得	不動産、土地の上に存する権利、船舶、航空機の貸付けなどから生じる所得
④ 事業所得	商業・工業・農業・漁業・自由業など、事業から生じる所得
⑤ 給与所得	給料・賞与などの所得
⑥ 退職所得	退職によって受ける所得
⑦ 山林所得	５年を超えて所有していた山林を伐採して売ったり、又は立木のまま売った所得
⑧ 譲渡所得	事業用の固定資産や家庭用の資産などを売った所得
⑨ 一時所得	クイズの賞金や満期保険金などの所得
⑩ 雑所得	年金や恩給などの公的年金等、非営業用貸金の利子、原稿料や印税、講演料などのように、他の９種類の所得のどれにも属さない所得

- 不動産所得
- 事業所得
- 山林所得
- 譲渡所得の一部（全ての譲渡所得が損益通算できるわけではありません）

例えば、山林を所有している場合、その経営で発生した赤字を給与所得と相殺し、課税対象の所得を減らすことができます。しかし、山林の取得や経営は簡単ではありません。

それに比べれば、ワンルームマンションを購入し、賃貸運用することで生じた赤字を損益通算する方がはるかに容易であり現実的ですし、賃貸経営では、減価償却費やローンの利息、管理費などを経費として計上できるため、実際のキャッシュアウトが少なくても、税負担を減らすことが可能になります（ただし不動産所得の赤字のうち、土地の取得に要した借入金の利子部分は損益通算の対象外となります）。

そのため、給与所得の節税を目的とするなら、不動産投資が最も手軽な選択肢となるのです。

〈図7〉損益通算の仕組み

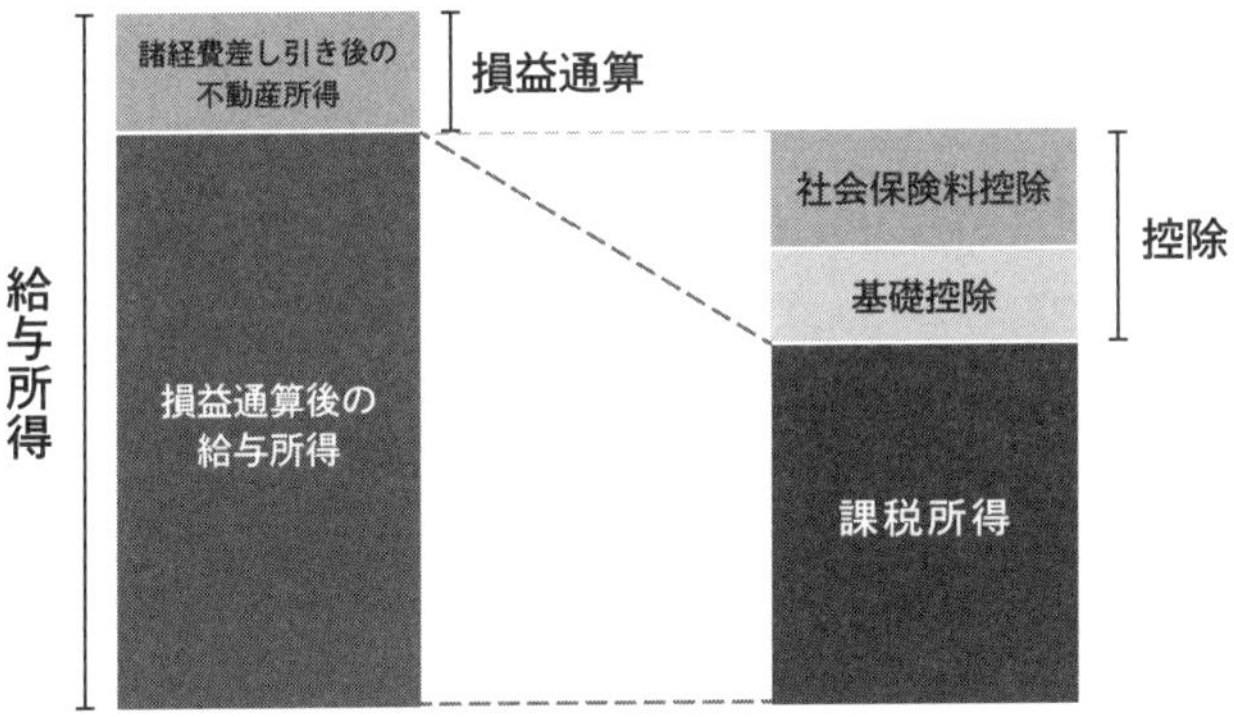

損益通算と控除は違う

なお、損益通算と同様に税金の負担を軽減できる制度として控除がありますが、両者の性質は大きく異なります。

損益通算は、異なる所得区分で発生した赤字を他の所得の黒字と相殺することで、課税対象となる所得自体を減らす仕組みです。

一方、控除は、課税所得から一定額を差し引くことで、最終的に課される税額を軽減する制度です（図7）。

例えば、基礎控除（全ての納税者に適用される控除）や医療費控除（年間の医療費が一定額を超えた場合に適用）、扶養控除（配偶者や子どもなど扶養家族がいる場合に適用）などが代表的な控除の例です。

損益通算によって所得が圧縮されれば、その後の控除額もより有利に適用できるため、これらを組み合わせることで、より大きな節税効果を得ることが可能になります。

節税とは無縁のサラリーマンでも効果を享受できる!?

損益通算の仕組みを利用した税金対策では、経費の額が多ければ多いほど効果が大きくなります。つまり、より税金が安くなります。

では、どのようなものが経費として認められるのか、具体的に見ていきましょう。

マンション経営で認められる主要な経費には、減価償却費とローンの金利があります。

減価償却費については後ほど詳しく説明しますが、簡単にいえば購入した建物の購入費用を長期間にわたって分割して経費計上することができます。また、ローンについて経費になるのはあくまでも金利部分のみで、元本の返済分は経費になりません。
その他にも、以下のように不動産投資に関連するさまざまな費用を経費として計上することができます。

修繕費用……ハウスクリーニング費用、設備交換費用
損害保険料……火災保険料、地震保険料など
税金関係……固定資産税、不動産取得税など
通信費……スマートフォンやタブレット端末の購入代金、インターネット料金（不動産管理等の業務使用分のみ）など
情報収集費……新聞・書籍代、不動産投資関連のセミナー代（業務に直接関連するもののみ、個人的な興味や教養のための支出は不可）
交通費……物件の下見や、不動産会社との打ち合わせにかかる移動費（家族旅行など業務に無関係な移動費は不可）
交際費……不動産管理会社や担当者との打ち合わせに伴う飲食代（家族や友人との食事など業務に直接関係のない支出は不可）

「こんなものまで経費に計上できるのか?」と驚かれるかもしれませんが、不動産投資に関わる費用であれば、事業に必要な支出として認められる可能性が高いのです。

ただし、経費として計上する際には「業務に直接関係する支出であることを明確に説明できる」ことが重要です。領収書や請求書をしっかり保管しておきましょう。

減価償却費とは何か

不動産投資に伴い計上する経費の中で、通常、最も大きな額になるのが減価償却費です。減価償却費については分かりにくいところがあるので、まず「減価償却とは何か」について説明しましょう。

減価償却とは、長期間の使用を予定している資産の費用を、使用期間にわたって分割して経費として計上する会計上の処理です。分かりやすいよう身近なもので言えば、1万円のシャンプーを10年間使用すると仮定すると、1年当たり1000円ずつ経費として計上していくイメージです（なお実際にはシャンプーの購入費を減価償却の対象にすることはできません）。

減価償却の形で経費として計上できる期間を耐用年数（償却期間）と呼びます。この償却期間は、税法によって定められています（法定耐用年数といいます）。そして、こうした減価償却の仕組みによって毎年計上できる経費が減価償却費なのです。

不動産投資では、建物本体（躯体）と付属設備（給排水設備や空調設備、照明・配電設備、防火設備など）の費用を減価償却費として計上することができ、それぞれ償却期間が異なります（土地に関しては減価償却の対象外です）。区分マンション投資の場合、建物本体の償却期間は一般に47年間です。一方、付属設備の償却期間に関してはおおむね15年間と定められています。

これを具体的に説明すると、新築マンションの建物本体は47年間で減価償却を行いますが、中古マンションの場合は47年から築年数を差し引くなど所定の計算で導いた期間で償却を行います。

このように新築と中古では、償却期間に大きな違いがあり、新築は47年や15年といった長期間での償却となるため、毎年の経費計上額が少なくなります。一方、中古物件の場合はそれよりも償却期間が短縮されるため、毎年の経費計上額が大きくなり、税務上有利に

〈図8〉新築と中古の減価償却費の違い

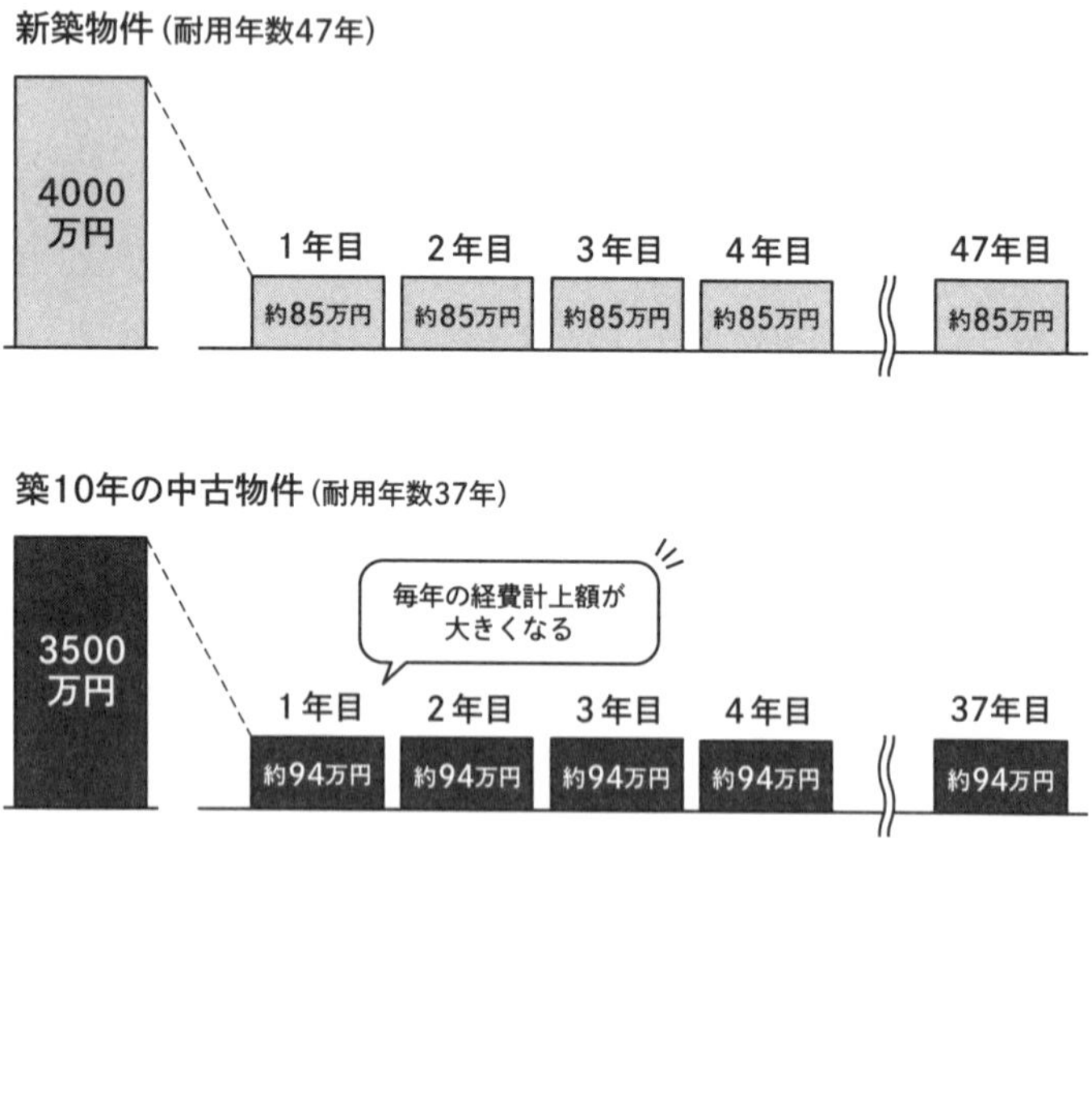

なることが多いのです（図８）。

さらに注意すべき点として、税務上の減価償却が想定する資産価値と実際の資産価値は異なっています。会計上では償却が完了し価値がゼロになったとしても、実際の市場価値がゼロになるわけではありません。不動産の実際の価値は、立地や需要などの要素によって変動するため、税務上の処理とは切り離して考える必要があります。

このような仕組みのため、同じ価格帯の新築と中古物件を比較した場合、中古の方が償却期間が短くなることで、年間の経費計上額が大きくなり、結果として課税所得を圧縮しやすくなります。そのため、税務上のメリットを活かしたい投資家にとっては、中古物件が魅力的な選択肢となるのです。

減価償却は、不動産投資における重要な会計処理の一つであり、減価償却費の活用は税金の負担を軽減しながら資産運用を最適化するために不可欠な要素です。新築と中古の違いを理解し、長期的な視点で投資判断を行うことで、より効果的な資産形成が可能になるでしょう。

所得税が安くなれば他にも得することがある

不動産投資による節税は、単に所得税や住民税を減らすだけではありません。税負担が軽くなることで、配偶者控除の適用を受けられたり、さらには保育園の費用が軽減されたりと、家計に大きなメリットが生まれるのです。

まず、配偶者控除は、専業主婦（夫）などがいる家庭の所得税を軽減する制度ですが、適用を受けるためには、納税者本人の所得が１０００万円以下であることが条件となります。配偶者が控除対象となる所得基準を満たしていたとしても、本人の所得が１０００万円を超えてしまうと、この控除を受けることができません。

しかし、不動産投資による減価償却費の計上や経費の活用によって課税所得を調整すれば、１０００万円以下に抑えることも可能になり、配偶者控除を適用することで税負担をさらに軽減できるのです。

さらに、保育園の費用にも影響を与えます。多くの自治体では、保育料を保護者の所得に応じて決定しており、前年の所得をもとに算出される住民税の課税額が基準となっています。そのため、所得が高い家庭ほど保育料の負担が大きくなりますが、不動産投資による節税を活用すれば、住民税の課税額を抑えることができ、結果として保育料の負担を軽減できる可能性があるのです。

特に、２０１９年10月から施行された「幼児教育・保育の無償化」により、３～５歳児の保育料は原則無料となりましたが、０～２歳児については住民税非課税世帯のみが無償化の対象です。そのため所得を抑えることで、より多くの支援を受けられる可能性も広がります。

このように、不動産投資を活用した節税は、単に税金を減らすだけでなく、配偶者控除の適用、保育料の軽減といった、家計に直結するさまざまなメリットをもたらします。こうした制度を上手に活用することで、より効率的に資産を形成しながら、生活の負担を軽減することができるのです。

不動産投資の節税効果を具体的な数字で解説

ここまで説明してきた損益通算を活用した節税の効果を、実際のケースを基に見ていきましょう。

146ページに挙げた図9は、確定申告の際に提出する収支内訳書（不動産所得用）です。この年の賃貸収入は450万916円で、他の収入はないため、合計の収入金額も同じ450万916円となります。

一方、経費として以下の費目が計上されています。

減価償却費……470万7222円（図10に明細が示されています）
借入金利子……190万2887円（図11に内訳が示されています）
租税公課（固定資産税など）……95万7893円

損害保険料……7万8130円
諸経費・管理費……232万440円
雑費……69万4520円

これらの合計は1066万1092円となります。

不動産所得は収入から経費を差し引いた金額で計算されるため、以下のようになります。


450万9916円－1066万1092円＝マイナス616万1176円

つまり、この年の不動産所得は616万176円の赤字となります。

では、この赤字分をそのまま給与所得と損益通算できるのかというと、一つ調整が必要です。収支内訳書の「所得金額」の欄には、「土地等を取得するために要した負債の利子の額」として49万4750円が記載されています。これは土地の借入金利子であり、損益通算の対象外となるため、赤字額にこの金額を加算します。

マイナス６１６万１７６円＋49万４７５０円＝マイナス５６６万５４２６円

したがって、不動産所得の最終的な損失は５６６万５４２６円となります。

次に、この金額を給与所得と損益通算します。確定申告書（図12）には、給与所得として９４７万４０円が記載されていますので、これと不動産所得の赤字を相殺すると、

９４７万４０円－５６６万５４２６円＝３８０万４６１４円

この時点で、課税対象となる所得金額が３８０万４６１４円まで圧縮されました。

さらに、ここから基礎控除や医療費控除、社会保険料控除などを適用し、最終的に課税所得が確定します。このケースでは、確定申告書の「税金の計算」欄に記載された課税所得は１７３万２０００円となっています。

この額に基づいて算出された所得税額は８万６６００円、さらに復興特別所得税の１８１８円を加えると、最終的な納税額は８万８４１８円となります。

しかし、すでに給与から１１１万５６００円が源泉徴収されていたため、実際に納める

べき税額との差額は、

8万8418円－111万5600円＝マイナス102万7182円

この102万7182が還付金として戻ってくることになります。

ちなみに不動産投資を始めた初年度は、特に還付金が大きくなる傾向があります。なぜなら、初年度に限り計上できる費用が多いためです。例えば、不動産取得時の仲介手数料、登記費用、不動産取得税、ローンの事務手数料などは、初年度の経費として計上できるため、損益通算による節税効果が大きくなるのです。

このように、不動産投資を活用すれば、損益通算によって課税所得を大幅に圧縮し、納めすぎた税金が還付される仕組みになっています。特に初年度は大きな還付金を得られるチャンスがあるため、計画的な申告と税金対策が重要となります。

FＡ０３２３

内訳書（不動産所得用）

（あなたの本年分の不動産所得の金額の計算内容をこの表に記載して確定申告書に添付してください。）

フリガナ 氏名	㊞	依頼税理士等	事務所所在地	
			氏名（名称）	
電話番号	ー　ー		電話番号	

（書ききれないときは、適宜の用紙に書いて内訳書に添付してください。）

賃借人の住所・氏名	賃貸契約期間	貸付面積	本年中の収入金額 賃貸料 月額	賃貸料 年額	礼金 権利金 更新料	名義書換料 その他	保証金 敷金（期末残高）
㈱アワジス	自平30年 1月 至平30・12	平方メートル 21.25	円 79,200	円 978,504	礼権更　円	円	円
㈱アワジス	自平30・1 至平30・12	22.63	99,000	1,188,000	礼権更		
㈱アワジス	自平30・2 至平30・12	25.03	74,000	816,710	礼権更		
㈱アワジス	自平30・4 至平30・12	21.58	77,900	711,152	礼権更		
㈱アワジス	自平30・4 至平30・12	23.49	88,350	806,550	礼権更		
	自・ 至・				礼権更		
	自・ 至・				礼権更		
	自・ 至・				礼権更		
	自・ 至・				礼権更		
	自・ 至・				礼権更		
				① 4,500,916	②	③	

賃金 与	合計	所得税及び復興特別所得税の源泉徴収税額
円	円	円
	⑥	

○事業専従者の氏名等

氏名（年齢）	続柄	従事月数
（　歳）		月
（　歳）		
	延べ従事月数	

【税務署整理欄】

⑲

〈図9〉収支内訳書の例

平成 30 年分

提出用

この収支内訳書は機械で読み取りますので、黒のボールペンで書いてください。

（平成二十五年分以降用）

平成 31年　月　日

（自 1 月 1 日 至 12 月 31 日）

住所	東京都
職業	会社員

科目				金額（円）
収入金額	賃貸料		①	4500916
	その他の収入	礼金・権利金 更新料	②	
		名義書換料 その他	③	
		小計（②+③）	④	
	計（①+④）		⑤	4500916
経費	給料賃金		⑥	
	減価償却費		⑦	4707222
	貸倒金		⑧	
	地代家賃		⑨	
	借入金利子		⑩	1902887
	その他の経費	租税公課	㋑	957893
		損害保険料	㋺	78130
		修繕費	㋩	
		諸費用・委託管理費等	㊁	2320440
		雑費	㋭	694520
		小計（㋑～㋭までの計）	⑪	4050983
	経費計（⑥～⑩までの計+⑪）		⑫	10661092
専従者控除前の所得金額（⑤－⑫）			⑬	△6160176
専従者控除			⑭	
所得金額（⑬－⑭）			⑮	△6160176
土地等を取得するために要した負債の利子の額				494750

○不動産所得の収入

貸家 貸地 等の別	用途（住宅用、住宅用以外等の別）	不動産
貸家	住宅用	
貸家	住宅用	
貸家	住宅用	
貸家	住宅用	
貸家	住宅用	
計		

○給料賃金の内訳

氏名（年齢）	従事月数
（　歳）	月
その他（　人分）	
計	延べ従事月数

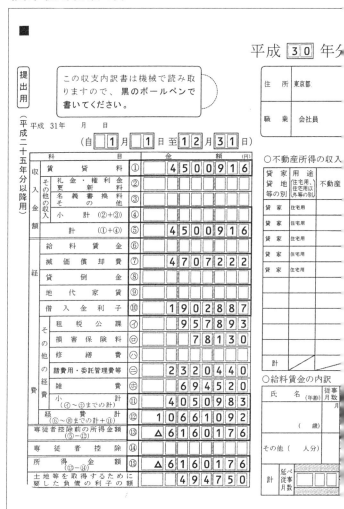

氏 名

年分の通償却費	割増(特別)償却費	本年分の償却費合計	貸付割合	本年分の必要経費算入額	未償却残高(期末残高)	摘要
円 377,798	円	円 377,798	% 100.0	円 377,798	円 14,121,397	
519,472		519,472	100.0	519,472	3,069,907	
458,952		458,952	100.0	458,952	15,328,706	
660,732		660,732	100.0	660,732	3,240,683	
354,787		354,787	100.0	354,787	12,316,143	
633,547		633,547	100.0	633,547	2,534,186	
304,222		304,222	100.0	304,222	12,284,261	
524,521		524,521	100.0	524,521	2,622,600	
308,523		308,523	100.0	308,523	13,930,997	
424,220		424,220	100.0	424,220	3,135,661	
28,425		28,425	100.0	28,425	12,604,564	
43,953		43,953	100.0	43,953	3,114,295	
26,733		26,733	100.0	26,733	11,854,524	
41,337		41,337	100.0	41,337	2,928,978	
4,707,222		4,707,222		4,707,222	113,086,902	

〈図10〉減価償却費の例

○減価償却費の計算　（別紙明細）

（平成二十五年分以降用）

減価償却資産の名称等（繰延資産を含む）	面積又は数量	取得年月	取得価額（償却保証額）	償却の基礎になる金額	償却方法	耐用年数	償却率又は改定償却率	本の期
	1	年 月 平29・12	14,530,679円 （　）	円 14,530,679	定額法	年 39	0.026	
	1	平29・12	3,632,669 （　）	3,632,669	定額法	7	0.143	
	1	平29・12	15,825,904 （　）	15,825,904	定額法	35	0.029	
	1	平29・12	3,956,476 （　）	3,956,476	定額法	6	0.167	
	1	平30・1	12,670,930 （　）	12,670,930	定額法	37	0.028	
	1	平30・1	3,167,733 （　）	3,167,733	定額法	5	0.200	
	1	平30・3	12,588,483 （　）	12,588,483	定額法	35	0.029	
	1	平30・3	3,147,121 （　）	3,147,121	定額法	5	0.200	
	1	平30・3	14,239,520 （　）	14,239,520	定額法	39	0.026	
	1	平30・3	3,559,881 （　）	3,559,881	定額法	7	0.143	
	1	平30・12	12,632,989 （　）	12,632,989	定額法	38	0.027	
	1	平30・12	3,158,248 （　）	3,158,248	定額法	6	0.167	
	1	平30・12	11,881,257 （　）	11,881,257	定額法	38	0.027	
	1	平30・12	2,970,315 （　）	2,970,315	定額法	6	0.167	
		・	（　）					
		・	（　）					
		・	（　）					
		・	（　）					
		・	（　）					
		・	（　）					
		・	（　）					
計								

分の償却費(◯×㊁)	㋬割増(特別)償却費	㋣本年分の償却費合計(㋭+㋬)	㋠貸付割合	㋷本年分の必要経費算入額(㋣×㋠)	㋦未償却残高(期末残高)	摘要
円	円	円	%	円	円	
07,222		4,707,222		⑦ 4,707,222	113,086,902	

を記入します。

)地代家賃の内訳

支払先の住所・氏名	賃借物件	本年中の賃借料・権利金等	左の賃借料のうち必要経費算入額
		権更 円 賃	円
		権更 賃	

)税理士・弁護士等の報酬・料金の内訳

支払先の住所・氏名	本年中の報酬等の金額	左のうち必要経費算入額	所得税及び復興特別所得税の源泉徴収税額
	円	円	円

)本年中における特殊事情・保証金等の運用状況(借地権の設定に係る保証金などの預り金がある場合には、その運用状況を記載してください。)

〈図11〉借入金利子の例

（平成二十五年分以降用）

○減価償却費の計算

減価償却資産の名称等（繰延資産を含む）	面積又は数量	取得年月	㋑ 取得価額（償却保証額）	㋺ 償却の基礎になる金額	償却方法	耐用年数	㋩ 償却率又は改定償却率	㋥ 本年中の償却期間
【別紙参照】		年　月 ・	円 (　　　)	円		年		月 /12
		・	(　　　)					/12
		・	(　　　)					/12
		・	(　　　)					/12
		・	(　　　)					/12
		・	(　　　)					/12
		・	(　　　)					/12
計								

（注）　平成19年4月1日以後に取得した減価償却資産について定率法を採用する場合にのみ㋑欄のカッコ内に償却

○借入金利子の内訳（金融機関を除く）

支払先の住所・氏名	期末現在の借入金等の金額	本年中の借入金利子	左のうち必要経費算入額
	円	円 1,257,888	1,257,888
		644,999	644,999

○修繕費の内訳

支払先の住所・氏名	工事名又は資材の品名	支払年月日 支払金額	左のうち必要経費算入額
		・　・ 円	
		・　・ 円	
		・　・ 円	

○貸付不動産の保有状況（空家(空室)、空地を含めて記入してください。）

用途・種類等			数量	用途・種類等			数量	用途・種類等		数
住宅用	建物	一戸建	棟	住宅用以外（事務所店舗等）	建物	一戸建	棟	駐車場	屋根付	
		一戸建以外	室			一戸建以外	室			
	土地	契約件数	件		土地	契約件数	件		青空	
		総面積	㎡			総面積	㎡			

〈図12〉確定申告書の例

税務署長
31年　月　日

平成30年分の所得税及び復興特別所得税の確定申告書B　FA0124

第一表（平成三十年分以降用）

住所（又は事業所 事務所 居所など）	〒　東京都
平成31年1月1日の住所	
個人番号	
フリガナ	
氏名	
性別	
職業	会社員
屋号・雅号	
世帯主の氏名	
世帯主との続柄	本人
生年月日	3 56.
電話番号	

受付印　（単位は円）　種類　青色　分離　国出　損失　修正　特農の表示　特農　整理番号

区分	項目	番号	金額
収入金額等	事業 営業等	㋐	
	事業 農業	㋑	
	不動産	㋒	4500916
	利子	㋓	
	配当	㋔	
	給与	㋕	11670040
	雑 公的年金等	㋖	
	雑 その他	㋗	
	総合譲渡 短期	㋘	
	総合譲渡 長期	㋙	
	一時	㋚	
所得金額	事業 営業等	①	
	事業 農業	②	
	不動産	③	△5665426
	利子	④	
	配当	⑤	
	給与 区分	⑥	9470040
	雑	⑦	
	総合譲渡・一時 ㋘＋{(㋙＋㋚)×1/2}	⑧	
	合計	⑨	3804614
所得から差し引かれる金額	雑損控除	⑩	
	医療費控除 区分	⑪	70698
	社会保険料控除	⑫	1469819
	小規模企業共済等掛金控除	⑬	
	生命保険料控除	⑭	100000
	地震保険料控除	⑮	3490
	寄附金控除	⑯	48000
	寡婦、寡夫控除	⑱	0000
	勤労学生、障害者控除	⑲～⑳	0000
	配偶者(特別)控除 区分	㉑～㉒	0000
	扶養控除	㉓	0000
	基礎控除	㉔	380000
	合計	㉕	2072007

区分	項目	番号	金額
税金の計算	課税される所得金額（⑨－㉕）又は第三表	㉖	1732000
	上の㉖に対する税額 又は第三表の	㉗	86600
	配当控除	㉘	
	区分	㉙	
	（特定増改築等）住宅借入金等特別控除 区分	㉚	00
	政党等寄附金等特別控除	㉛～㉝	
	住宅耐震改修特別控除 住宅特定改修・認定住宅新築等特別税額控除 区分	㉞～㊲	
	差引所得税額	㊳	86600
	災害減免額	㊴	
	再差引所得税額（基準所得税額）（㊳－㊴）	㊵	86600
	復興特別所得税額（㊵×2.1%）	㊶	1818
	所得税及び復興特別所得税の額（㊵＋㊶）	㊷	88418
	外国税額控除 区分	㊸	
	所得税及び復興特別所得税の源泉徴収税額	㊹	1115600
	所得税及び復興特別所得税の申告納税額（㊷－㊸－㊹）	㊺	△1027182
	所得税及び復興特別所得税の予定納税額（第1期分・第2期分）	㊻	
	所得税及び復興特別所得税の第3期分の税額（㊺－㊻） 納める税金	㊼	00
	還付される税金	㊽	△1027182
その他	配偶者の合計所得金額	㊾	
	専従者給与(控除)額の合計額	㊿	
	青色申告特別控除額	(51)	
	雑所得・一時所得等の所得税及び復興特別所得税の源泉徴収税額の合計額	(52)	
	未納付の所得税及び復興特別所得税の源泉徴収税額	(53)	
	本年分で差し引く繰越損失額	(54)	
	平均課税対象金額	(55)	
	変動・臨時所得金額 区分	(56)	
延納の届出	申告期限までに納付する金額	(57)	00
	延納届出額	(58)	000

復興特別所得税額の記入をお忘れなく。

還付される税金の受取場所：銀行 金庫・組合 農協・漁協　本店・支店 出張所 本所・支所　郵便局名等　預金種類 普通 当座 納税準備 貯蓄　口座番号 記号番号

整理欄：区分 A B C D E F G H I J K　異動 年 月 日　管理 名簿　補完 確認

税理士署名押印 電話番号　印

税理士法第30条の書面提出有　税理士法第33条の2の書面提出有

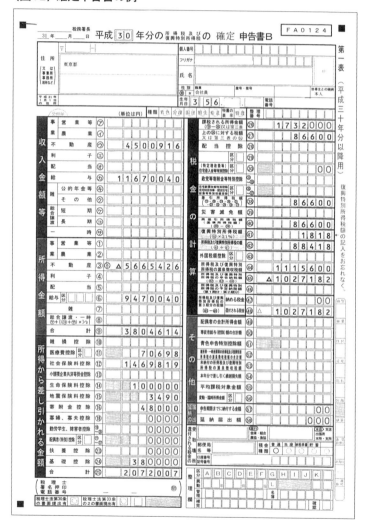

相続税対策にもなる

不動産投資は、資産形成だけでなく、相続税対策としても非常に有効です。その理由を、日本の相続税の実態とともに具体的に解説しましょう。

まず、日本の相続税は世界的に見ても非常に高い税率が設定されています。相続税の基礎控除額は、「3000万円＋600万円×法定相続人の数」という計算式で算出されます。例えば、法定相続人が三人（配偶者と子供二人）の場合、基礎控除額は4800万円となり、これを超えた財産には最大55％の税率で相続税が課されることになります。

このような高額な税負担を考えると、計画的な相続税対策は必須と言えるでしょう。では、なぜ不動産投資は相続税対策に効果的なのでしょうか？

不動産投資の最大のメリットは、現金に比べて相続税評価額を大幅に引き下げられることにあります。例えば、5000万円の現金を相続すると、そのまま5000万円が課税対象になります。しかし、同じ5000万円を使って不動産を購入した場合、評価額を大きく下げることが可能となります。

特に、購入した不動産を賃貸した場合は、自己利用する場合に比べて評価額がさらに低くなるので、相続税の負担はより軽減することになります。現金のまま持っていると、その額全てに課税されてしまいますが、不動産に変えておけば、資産の実質的な価値を落とさずに税負担を減らすことが可能なのです。

もちろん、全ての人が相続税対策をする必要があるわけではありません。例えば、相続財産が1000万円~3000万円程度であれば、「相続税対策」よりも老後資金として活用するという選択肢を考える人も多いでしょう。実際、「子どもには葬式代程度を残せれば十分」と考える人も少なくありません。

しかし、それ以上の資産を持つ場合、相続税の負担が大きくなるため、早めの対策が不可欠です。特に相続は、予期しないタイミングで発生するものです。十分な準備がないと、相続人が多額の現金を用意しなければならない事態に陥ることも考えられます。

また、相続税対策は短期間で完了するものではなく、長期的な視点で取り組むべきものです。不動産投資を活用すれば、相続税の負担を減らしながら資産を効率的に増やすことが可能になります。

相続の際に家族が困らないように、資産規模に関わらず、早めの準備を検討することをお勧めします。不動産投資は、賢く資産を守り、家族の未来を支える強力な手段となるのです。

ワンルームマンション投資は「相続」だけでなく「争続」対策にもなる

ちなみに不動産投資は相続税対策だけでなく、実は「争続」——相続を巡る争いを防ぐ手段としても効果的です。特に、ワンルームマンションを分散して所有することは、相続人同士のトラブルを回避し、スムーズな資産継承を実現する方法の一つとして注目されています。

というのは相続財産として不動産を残す際、一つの大きな物件を複数の相続人で共有するよりも、ワンルームマンションを複数所有し、それぞれに個別で残す方が賢明だからです。例えば、８０００万円の資産がある場合、子どもが三人いれば、一人当たり２５００

万円程度のワンルームマンションを購入しておくことで、均等に分けることができます。一方で、大きな物件を共有名義で相続すると、さまざまな問題が発生する可能性があります。

不動産を相続人全員の共有名義にすると、意思決定が非常に難しくなります。例えば、売却したい場合には共有者全員の同意が必要で、一人でも反対すれば売ることができません。

さらに、賃貸運営においても家賃の設定や入居者の選定など、共有者全員が意見を一致させる必要があり、考え方が異なるとスムーズに進まなくなるでしょう。また、共有者の一人が住宅ローンの返済を滞納すると、物件全体に影響が及ぶ可能性があり、最悪の場合は差し押さえに発展するリスクもあります。

「自分が亡くなった後は、子どもたちが話し合ってうまく分けてくれればいい」と考える人もいるかもしれません。しかし、現実には相続が原因で親族間の関係が悪化し、絶縁にまで至るケースも珍しくありません。特に不動産は分け方が難しく、遺産分割協議が長引くことで相続争いに発展することもあります。だからこそ、ワンルームマンションの分散投資は、資産を明確に分けることができるため、争続リスクを大幅に軽減できるのです。

このように将来の相続を見据えるなら、相続人の数に応じてワンルームマンションを複数準備しておくことが賢い選択肢となります。個別に分けられる資産を持つことで、トラブルを未然に防ぎ、スムーズな資産継承が可能になるのです。相続は、単なる財産の引き継ぎではなく、家族の絆を守るための大切なプロセスです。不動産を活用し、税負担を抑えながら、相続人同士のトラブルを回避する準備をしておくことが、家族にとって最良の相続対策となるでしょう。

税制改正に要注意

不動産投資は税金対策として効果的な手段の一つですが、税制の動向には常に注意を払う必要があります。税制は、国の経済状況や社会の要請に応じて頻繁に改正され、その中には不動産投資に大きな影響を与える変更も含まれているからです。

その典型的な例が、タワーマンション（タワマン）に関する相続税評価方法の見直しです。

これまで、20階以上の超高層マンションは相続税対策として非常に人気がありました。

その理由は、マンションの相続税評価額の算出方法にあります。一般的にマンションの評価額は、敷地全体の価値を専有面積の割合（持分）に応じて分割して算出されます。タワマンは戸数が多いため、一戸当たりの持分が小さくなり、結果として相続税評価額が実際の市場価格よりも大幅に低く抑えられていたのです。

しかし実際の市場では、タワマンの価格は階が上がるほど高くなる傾向があり、特に高層階の価格は低層階と比べて大きな差が生じます。にもかかわらず、従来の相続税評価では、この階数による価格差がほとんど反映されていませんでした。

そのため、この評価方法の〝歪み〟を利用し、市場価格が高額な高層階の物件を購入して相続税対策に活用する手法が広く行われてきました。しかし、このようなタワマン節税に対して「課税の公平性を欠く」との批判が強まり、２０２４年から評価方法が改正されることになったのです。その結果、タワマンを利用した節税手法の効果は大きく失われることになりました。

この事例が示すように、税制は社会の状況や公平性を保つために常に変化していきます。したがって、不動産投資を活用した節税を考える際には、短期的な節税効果だけにとらわれるのではなく、将来の税制改正にも耐えうる持続可能な投資戦略を立てることが重要です。また、特定の税制の〝抜け穴〟を利用するような極端な節税策は、いずれ規制の対象となる可能性が高いことを理解しておくべきでしょう。

不動産投資を利用した税金対策は今後も有効だ

なお、税制が変わり得ることに関しては、〝ならば損益通算の仕組みも、今後の税制改正の影響を受ける可能性があるのか〟と気になる人もいるかもしれません。

確かに税制は社会の変化に応じて改正されるものですが、不動産投資における損益通算の仕組みは、今後も有効な節税手段として継続すると考えられます。もちろん、政府が高所得者への課税強化を進める傾向にあることは否定できません。しかし、この制度が根本から大きく変更される可能性は低いといえるでしょう。

その理由の一つに、多くの企業が不動産を保有し、減価償却や経費計上を活用してリスクヘッジを行っている現状があります。例えば、保険業、建設業、ＩＴコンサルティングなど、さまざまな業種の企業が本業の安定性を高めるために不動産投資を並行して行っています。こうした企業にとって、損益通算や減価償却の仕組みは重要な財務戦略の一環であり、もしこれらが廃止されるようなことがあれば、多くの企業の経営に深刻な影響を及ぼしかねません。

特に、不動産投資のために借入れを行っている企業にとって、経費計上ができなくなれば法人税負担が一気に増加し、経営の圧迫につながることは明白です。その結果、不動産市場全体の冷え込みを招き、ひいては日本経済全体にも悪影響を及ぼす可能性があります。こうしたリスクを考慮すると、政府としても慎重な判断が求められるため、損益通算の仕組みが突然大きく改正されるとは考えにくいのです。

したがって、不動産投資を活用した所得の最適化は、今後も重要な税金対策として機能し続けるでしょう。このような背景から、不動産投資を活用した節税は、単なる短期的な税金対策にとどまらず、長期的な資産運用と税務戦略の一つとして、今後も有効であり続ける可能性が高いのです。

税理士をつける必要はあるのか

税金対策を考える際、税理士に相談すべきかどうか悩む人も多いでしょう。不動産投資による節税においても、税理士の必要性についてはさまざまな意見がありますが、少なくとも私の会社のお客様の多くは税理士をつけずに、自分で確定申告を行っています。

税理士に依頼すれば、確実かつ安全な申告ができるというメリットがありますが、一方で、定型的な処理になりがちで、経費計上の柔軟性が制限される可能性もあります。基本的な確定申告の方法は、セミナーや相談会などで学ぶことができ、一度知識を身につければ、自分で対応できる人も多いのが実情です。特に、不動産投資における経費計上や減価償却の計算方法はある程度パターン化されており、一度理解すれば継続的に活用できます。

ただし、法律上、確定申告の代行ができるのは税理士や公認会計士などの資格保有者に限られているため、不動産会社などが申告書類を直接作成することはできず、アドバイスの範囲にとどまります。

そのため、基本的な税金対策であれば自己申告で十分対応できますが、複雑な案件や不安な部分については、必要に応じて税理士に相談するというバランスの取れたアプローチが現実的でしょう。

税理士に全面的に依頼するか、自分で対応するか――どちらが正解というわけではなく、状況に応じて適切に判断することが、不動産投資を円滑に進める上で重要なポイントとなります。

不動産投資による税金対策で押さえておくべきポイント

不動産投資を活用して税金対策を行う際には、いくつかの重要なポイントがあります。まず最も大切なのは、適正な範囲での申告を心がけることです。経費計上は事実に基づき、無理のない範囲で行うことが基本となります。常識的な範囲で適切に申告をしていれば、過度に税務調査を心配する必要はありません。

申告方法については、不動産投資による節税では白色申告を選ぶ人が多いとされています。確かに、青色申告には記帳の手間がかかるものの、事業所得がある場合には検討する価値があります。ただし、不動産所得のみであれば、白色申告でも十分に対応できるケースが多いのが実情です。

税務調査に関しても、過度に恐れる必要はありません。税務署は効率的な税収確保の観点から、個人の不動産投資よりも法人への調査に力を入れる傾向にあります。

ただし、これは決して不適切な申告をしても問題ないという意味ではありません。

重要なのは、無理なく継続できる税金対策を選ぶことです。極端な経費計上や不自然な申告は、かえってリスクを招く可能性があります。節税は短期的な利益を求めるのではなく、長期的な視点で着実に行うことで、より効果的な対策となるのです。

海外赴任と不動産投資の税務対応——知っておくべきポイント

近年のビジネスのグローバル化に伴い、製造業やＩＴ業界をはじめとする多くの業種で海外赴任の機会が増えています。そんな中、不動産投資を行っている人が海外赴任の決定とともに直面するのが、税務に関する問題です。

海外赴任中の不動産投資における税務対応は、赴任の状況によって大きく異なります。

例えば、日本の企業に所属したまま海外に短期の出張や駐在をする場合、日本からの給与所得が主となるため、基本的にはこれまでの税務申告の方法を大きく変更する必要はありません。

しかし、長期の海外赴任となり、現地企業からの給与所得が主となる場合は注意が必要です。国によって税制の仕組みが異なり、日本での節税方法がそのまま適用できないケースもあるためです。

仮にアメリカに赴任した場合、アメリカの税制に基づいた申告が求められ、日本の税制とは異なる処理が必要になることがあります。このような場合は、赴任先の税制に詳しい税理士に相談することが賢明でしょう。

とはいえ、海外赴任中であっても、日本で所有する不動産からの家賃収入は継続して得られます。そして、日本に帰国し、日本の企業から給与所得を得るようになれば、再び日本の税制に基づいた税金対策を行うことが可能です。実際、一年程度の短期赴任であれば、特別な税務対応をすることなく、従来の税務処理を継続するケースも多く見られます。

このように、海外赴任が不動産投資に与える影響は、赴任期間や収入の構造によって大きく変わるため、個々の状況に応じた適切な判断が求められます。海外赴任を控えている方は、事前に自身の赴任先の税制について情報収集し、必要に応じて専門家のアドバイスを受けることで、スムーズな対応が可能になるでしょう。

不動産投資の新たなステップ「法人化」という選択肢

不動産投資を続け、運用が軌道に乗り複数の物件を所有するようになると、「法人化」が視野に入ってきます。法人化とは、個人として行っていた不動産投資を法人名義に切り替え、会社として運営することを指します。法人を設立することで、税制や資金調達の面でさまざまなメリットが生まれ、不動産投資の可能性を大きく広げることができます。

そうした法人化のメリットを具体的に示すと、最も大きなものは、税負担の軽減です。

個人で不動産投資を行う場合、賃料収入は所得税の対象となり、累進課税によって所得が増えるほど税率は高くなり、最高45％の税率が適用される可能性もあります。

一方で、法人税は一律23・2％であり、さらに資本金1億円以下の中小法人であれば、所得のうち800万円以下の部分に対して15％の軽減税率が適用されます。この違いは、投資規模が大きくなるほど大きな節税効果を生むことになります。

また、法人化には「所得分散」という節税手法を活用できるメリットもあります。例えば、配偶者や子どもなどの親族を役員や従業員として雇用し、給与を支払うことで、不動産投資による所得を分散することができます（支払う給与は業務内容や責任に見合った適切な金額であることが求められます）。給与所得には給与控除が認められているため、全体としての税負担を効果的に抑えることが可能になるわけです。

さらに、法人であれば、経費として計上できる範囲が広がることも大きな利点です。個人では経費として認められない出費でも、法人であれば業務に関連するものであれば計上できる可能性が高くなります。

ただし、法人を設立し、維持していくためには、設立時の登録費用や税務申告、社会保険の手続き、会計処理など、さまざまなコストと手間が発生します。そのため、小規模な投資や個人レベルの運用であれば、法人を設立せずに個人のまま投資を続ける方が、資金効率や管理の面で有利になるケースも少なくありません。特に、投資額が小さい段階では、法人を設立することで発生する固定費が収益を圧迫する可能性があるため、慎重な判断が求められます。

そのため、投資の目的や規模、今後の成長戦略を総合的に考慮し、法人化のタイミングを見極めることが重要です。最初は個人のまま効率的に運用し、規模が拡大した時点で法人化を検討することで、より柔軟かつ効果的な投資活動を展開できるでしょう。

税金は基本的には納めるべきもの

ここまで述べてきたように、不動産投資には税金対策としての確かな効果が期待できます。ただし、それはあくまでも投資の「おまけ」や「特典」のようなものであり、不動産投資の本質的な目的ではありません。税金を納めることは私たち国民の重要な義務であり、節税だけを目的に不動産投資をするのは、その本来の魅力を見落としてしまうことになりかねません。

不動産投資の一番の魅力は、まず何よりも資産としての価値が高く、安定した収益を生み出せる点にあります。考えてみてください。金やダイヤモンドを購入しても、一般的にはそれを誰かに貸して収入を得ようなどとは思いませんし、高級な服や車も基本的には自分で使うだけのものです。しかし、不動産は違います。自分が所有する資産を人に貸すことで、毎月確実に収入を得られるという特徴を持っているのです。

さらに、不動産は「衣・食・住」の「住」に関わるものであり、人々が生活する上で欠かせない存在です。そのため、需要が突然なくなる心配もなく、長期的に安定した資産として運用できます。初期投資こそ必要ですが、一度軌道に乗れば安定した収益を生み出す、信頼性の高い投資対象といえるでしょう。

つまり、不動産投資の最大の魅力は、節税効果ではなく、毎月安定した収益が得られることにあるのです。貯金箱のように資産を蓄える手段として活用できるだけでなく、いざというときには自分や家族が住むために使うこともできます。

このように、不動産投資は単なる「お金を増やす手段」にとどまらず、資産として多様な活用ができる、将来にわたって価値を持ち続ける投資手段なのです。

第5章

収益を最大化する、買った〝後〟の運営術

不動産投資の収益を最大限活用する戦略とは

一般論として投資で得た利益をどのように活用するかは、その後の資産形成の成否を大きく左右します。実際のところ不動産投資で成功したにもかかわらず、株式やFXに資金を移し、大きな損失を出してしまう投資家も少なくありません。せっかく築いた資産をリスクの高い投資にさらすのではなく、安定性のある不動産へ再投資することで、より堅実な成長を目指すべきです。

特に、不動産投資では「資産の入れ替え」「減価償却の活用」「分散投資」が重要です。物件を長期間保有して家賃収入を得るだけでなく、適切なタイミングで売却し、その売却益を新たな物件取得に充てることで、投資の効率を高めることができます。日本の税制では、不動産の保有期間が5年を超えると売却益にかかる税率が短期譲渡所得の約39％から長期譲渡所得の約20％に軽減されるため、このタイミングでの売却は合理的な戦略といえます。

また新たな物件を取得すれば、減価償却費を再び計上でき、課税所得を抑えながらさらなる節税効果を得られます。

加えて、分散投資を意識することでリスクを抑えながら安定した収益を確保できます。地域や物件タイプを分散させることで、市場の変動やエリアごとの需要変化に柔軟に対応できるようになるのです。

安定した収益を確保しつつ、税負担を抑えながら資産を成長させるためには、戦略的な資産の入れ替えと分散投資が最も効果的です。適切な売却と再投資を繰り返しながら、より強固な投資ポートフォリオを構築し、長期的な資産形成を実現しましょう。

以下では、実際にこのような投資戦略を実践して成功を収めているお二人の投資家の具体例をご紹介します。それぞれの実例の中で出てくる不動産投資の専門用語については、関連用語とともに最後にまとめて別に解説していますので、そちらもぜひご参照ください。

Aさんの例

Aさんが不動産投資をスタートしたのは今から約10年前、2015年のこと。当時30代半ばだったAさんは、思い切って3軒のワンルームマンションを同時に購入しました。初めての確定申告で多額の税金還付を受けたことで、不動産投資の節税効果を実感。その経験が自信となり、追加の物件購入にも積極的に取り組むようになりました。

その結果、Aさんは、台東区・入谷、文京区・白山、新宿区・高田馬場、渋谷区・笹塚、さらには神奈川県・横浜と、首都圏を中心に戦略的な分散投資を実施。その結果、最終的に8軒のワンルームマンションを所有するに至りました。

当初は、物件が値上がりしたら売却するつもりでしたが、所有を続けるうちに、ローンの元金が確実に減少し、家賃収入が安定して入ることの魅力に気づきます。そして、長期的に保有する方針へとシフトしました。

その後、結婚や子どもの誕生といった人生の節目を迎えたAさんは、物件に対する愛着も芽生え、より安定した資産運用を志向するようになります。株式投資で得た利益なども活用し、数年前には入谷のマンションのローンを一括返済し、これにより月8万円以上のプラス収益を生み出し、他の7軒のローン返済を補えるほどの安定した収益構造を確立しました。

さらに、税金の還付金や節税効果を積極的に活用し、繰り上げ返済を実施。その結果、2軒の物件を無借金とし、毎月の家賃収入は合計で100万円を超える額に到達しています。

Aさんは、不動産投資を「株やFXと比べて手堅く資産を増やせる」と評価しています。特にサブリースの活用により、毎月安定した収入を得ることができ、長期的な計画を立てやすい点に大きな魅力を感じています。

また、「銀行に預けてもほとんど利息がつかない現状では、不動産投資の3〜4%の利回りは非常に魅力的」と語ります。

昨年には、家族と住むために都内に戸建てを取得しました。その際、ローン返済負担を軽減するため、横浜の物件2軒を売却するなど、柔軟な資産運用を実践し、収支は安定して黒字を維持しています。

Aさんの成功の要因は、得た利益を無駄にせず、繰り上げ返済に充てるという堅実な運用姿勢にあります。「投資にはリスクが伴うものの、不動産は適切に運用すれば確実に資産を築ける」と考え、今後も信用枠を活用しながらさらなる物件取得を視野に入れています。

また、物件選定においては、分散投資を意識しながらキャピタルゲイン（売却益）とインカムゲイン（家賃収入）の両方を視野に入れた収支計画を立案。減価償却を活用し、損益通算による節税効果を狙った戦略も実行しています。

さらに、不動産投資ローンのレバレッジ効果を活用しつつ、団信によるリスクカバーを加えることで、万が一の事態にも備える堅実な運用を心がけ、リスクを抑えながら資産を増やす、理想的な不動産投資スタイルを確立しています。

Aさんは、今後も不動産投資を継続し、さらなる資産拡大を目指しています。「不動産は短期的な値動きに左右されにくく、安定した収入を得られる魅力がある」と語るAさんは、これまでの成功体験を基に、より盤石な資産形成を追求し続けることでしょう。

Bさんの例

Bさんは関東の某県で動物クリニックを開業している、非常に優秀な獣医師の先生です。初めてBさんと出会ったのは、私が入社して3年目の頃でした。人見知りな性格もあり、最初は打ち解けるのに苦労しましたが、次第に信頼関係を築くことができました。

Bさんの診療スケジュールは非常にタイトで、午前の診療、午後の診療と、一日中忙しく動き回る生活を送っていました。昼の休憩時も手術などの処置に充てられることが多く、実質的に打ち合わせができるのは週に一度、わずかな時間のみという状況でした。

不動産投資の話を進める中で、Bさんは東京の文京区出身ということもあり、最初は地元・文京区の物件に強いこだわりを持っていました。そこで、新耐震基準を満たし、修繕履歴も明確な物件を慎重に探したところ、紆余曲折を経て、最終的に文京区根津の50数㎡の物件を購入するに至りました。契約時には契約不適合責任に関わってくる事項についても入念に確認を行い、安心して投資をスタートさせました。

この投資がBさんにとって大きな転機となりました。減価償却の仕組みなどを活用した損益通算による所得税・住民税の軽減効果を実感したことで、不動産投資への関心が一気に高まり、視野を広げるようになったのです。

当初は地元以外の投資には慎重だったBさんも、ハザードマップで浸水リスクなどを確認しながら、浅草や板橋といった下町エリアのオーナーチェンジ物件にも投資を拡大しました。その結果、約6年間で10軒以上の物件を保有するに至りました。賃貸経営においてはサブリースも活用し、安定して収入を確保できる体制も整えました。

その後、ほぼ全ての物件を売却し、新たな物件へと買い換えるというサイクルも確立しています。Bさんは、単に所有するのではなく、資産の流動性を重視した運用を心がけ、常にポートフォリオの最適化を図ってきたのです。

現在、クリニックは医療法人化され、給与所得者としての税務メリットを活かしながら、さらに戦略的な不動産運用を実践しています。今後は年齢的な要因も考慮し、保有物件数を10軒から7~8軒程度に調整し、一部を無借金の収益物件として残す方針を検討しています。また、フリーレントの活用や更新契約時の条件見直しなど、細やかな運用を行いながら、安定した資産形成を続けています。

Bさんの事例は、不動産投資を通じた節税効果と収益確保を、医療経営者として効果的に実現した好例といえます。

特に、減価償却費や支払利息による節税効果を実質的なキャッシュアウトを伴わずに活用できた点は、不動産投資の大きな魅力を象徴しています。緻密な戦略と堅実な運用によって、資産を増やし続けるBさんの姿勢は、多くの投資家にとって貴重な示唆を与えるものとなるでしょう。

■用語解説

不動産投資の仕組みに関する用語

損益通算

不動産所得の金額は、その年中の不動産所得に係る総収入金額から必要経費を差し引いて計算する。この結果、不動産所得の損失（赤字）の金額があるときは、他の黒字の所得金額から差し引くことができる。これを損益通算という。

ただし、不動産所得の金額の損失のうち、次に挙げる損失の金額は、損益通算の対象とならない。

①別荘等のように主として趣味、娯楽、保養または鑑賞の目的で所有する不動産の貸付けに係るもの

②不動産所得の金額の計算上必要経費に算入した土地等を取得するために要した負債の利子に相当する部分の金額

減価償却

事業などの業務のために用いられる建物、建物附属設備、機械装置、器具備品、車両運搬具などの資産は、一般的には時の経過等によってその価値が減っていく。このような資産を減価償却資産という（土地や骨董品などのように時の経過により価値が減少しない資産は、減価償却資産には該当しない）。

減価償却資産の取得に要した金額は、取得時に全額必要経費になるのではなく、その資産の使用可能期間の全期間にわたり分割して必要経費としていくことが求められる。この使用可能期間に当たるものとして法定耐用年数が定められている。減価償却とは、減価償却資産の取得に要した金額を一定の方法によって各年分の必要経費として配分していく手続きのこと。

不動産投資ローン

投資を目的とした不動産を購入するために金融機関から融資を受けるローン。賃貸アパートのイメージから「アパートローン」とも呼ばれる。審査では契約者の返済能力や不動産投資の事業内容、収益性などが総合的に評価される。

レバレッジ効果

自己資金だけでなく借入金（ローン）を活用することにより、少額の資金で高い収益率を得られる効果。名称の由来である英語の「leverage（レバレッジ）」は少ない力で大きなものを動かす「てこの作用」を意味する。

団体信用生命保険（団信）

住宅ローンや不動産投資ローンの契約時に加入する生命保険。契約者が死亡もしくは高度障害になった場合、保険金でローン残高が完済される。

リスクコントロール

投資や事業において損失が生じないように、もしくは最小限に抑えるための対策。分散投資や保険などが含まれる。

分散投資

資産を複数の種類や地域などに分けることでリスクを抑えながら、安定的な運用を目指す投資手法。

キャピタルゲイン・インカムゲイン

キャピタルゲインは資産（不動産等）を売却してもたらされる利益のこと。インカムゲインとは配当や利息、賃貸収入などの定期的収益のこと。

ミドルリスク・ミドルリターン

リスクと収益性がともに中程度であることを意味する。不動産はミドルリスク・ミドルリターンの投資商品といえる。

利回り

投資額に対する収益の割合を示す指標で運用効率を比較する際に用いられる。表面利回り、実質利回りなど複数の種類がある。

収支計画

一定期間における収入（収入）と支出（費用やコスト）を計画的に管理するための計画のこと。

サブリース

不動産の賃貸契約において、物件の所有者（オーナー）と賃借人（管理会社など）が契約を結び、その賃借人がさらに第三者に物件を貸し出す仕組み。オーナーからすれば一定の家賃が保証されるメリットがある。

リノベーション

建物の価値向上を目的とした改修工事。デザイン性や機能性を高めることが多い。

物件購入時の用語

区分所有建物

マンションやビルのように、一棟の建物が二つ以上の部屋に区切られて、その部屋が別々の所有権の対象となっている建物各部屋のこと。

■区分所有権

区分所有建物の専有部分に対する所有権。他の区分所有者と共用部分や敷地も共有する。

■敷地

建物が立つ土地。建物と一体として利用される土地の範囲を指す。

■敷地権

区分所有建物である一棟の建物の敷地に関する権利をいい、原則として、その権利は区分所有建物と分離して処分することはできない。

土地権利（所有権、借地権）

土地の所有権は土地そのものを保有する権利。借地権は他人所有の土地を借りて利用する権利。

占有者

土地や建物を実際に使用している者。所有者とは異なる場合もある。

専有部分

区分所有建物で区分所有者が単独で所有する部分。マンションでは部屋内部がこれに該当する。

□共用部分

区分所有建物で全区分所有者が共有する部分。廊下、エレベーター、エントランスなどが該当する。

□専用使用権

共用部分のうち、特定の区分所有者が排他的に利用できる権利。駐車場や専用庭などがその対象に該当する。

□専有面積・バルコニー面積

専有面積は専有部分の面積。バルコニー面積は専用使用権が認められるバルコニーの面積を指す。

壁芯・内法

壁芯は壁の厚みの中心線を基準として算出した面積、内法は壁の内側から測った寸法を表す面積。どちらも専有部分の面積を表示する際に使用される。

管理費・修繕積立金

管理費は共用部分の維持管理費、修繕積立金は建物の長期的修繕費用を積み立てる費用。

契約不適合責任

売買契約や賃貸契約において、物件が契約内容と異なる場合に売主・貸主が負う責任。買主・借主は追完請求（補修・修理など）や代金減額請求、損害賠償請求、契約解除を行える。

新耐震基準・旧耐震基準

1981年6月1日から施行された耐震基準を新耐震基準といい、それ以前のものを旧耐震基準という。新耐震基準は地震への耐性がより強化されている。

修繕履歴・修繕計画

修繕履歴はマンション等の建物の過去の修繕実績、修繕計画は将来的な修繕の計画書。物件の管理状態を判断する指標となる。

オーナーチェンジ物件

既存の賃貸借契約が継続中で、投資用に販売される物件。

競売物件

債務不履行などにより裁判所が差し押さえ、入札形式で売却される物件。

媒介契約

不動産の売却や賃貸の際に、不動産会社（宅地建物取引業者）に仲介を依頼する契約。

手付金

不動産売買契約を締結する際に、買主が売主に対して支払う金銭のこと。契約が成立したことを示す重要な役割を持つ。

契約解除

契約内容に基づき、売買契約や賃貸契約を終了させる行為。解除する場合、手付金などの取り扱いに注意が必要となる。

管理会社

マンションなどの維持・管理業務を管理組合から委託されて行う専門業者。

管理組合

区分所有者が組織する団体で、マンションの共用部分の維持管理やルール作りを行い、建物の資産価値を維持・向上させる役割を担う。

管理規約

管理組合で定められる建物の管理や利用に関するルール。

ハザードマップ

自然災害のリスクを可視化した地図。洪水や地震などの危険区域が示される。

賃貸時の用語

普通賃貸借契約・定期賃貸借契約

普通賃貸借契約は契約期間満了後も原則として借主が希望すれば更新可能。定期賃貸借契約は契約満了で終了し自動更新がない。

家賃保証会社

賃貸借契約で借主が家賃を滞納した際、貸主に代わり家賃を支払う保証サービスを提供する会社。

元付け・客付け

元付けは売主（または貸主）から直接依頼を受け、物件の管理や募集を担当する不動産会社。客付けは買主（または借主）に物件を紹介し、契約を仲介する不動産会社。

フリーレント

一定期間、家賃が無料になる契約条件。賃借人を獲得するための販促手段として利用される。

広告費（AD）

貸主が借主を早く見つけるために、不動産会社（客付け業者）に支払う成功報酬のこと。

売却時の用語

不動産ポータルサイト

物件情報を一括検索できるウェブサイト。賃貸や売買の主要な情報源として利用される。

更新契約

賃貸借契約で契約期間が終了する際に、再契約を行うこと。更新料が必要な場合が多い。

解約

契約期間中または終了後に、賃貸借契約を終了させる行為。解約通知の期限に注意が必要。

出口（戦略）

不動産投資を始める際に、最終的にどのように資産を処分し、利益を確定させるかを事前に計画すること。

譲渡所得税

不動産売却で得た利益に課される税金。取得費や譲渡費用を差し引いた所得が対象となる。

買換え

現在の不動産を売却し、他の物件を購入すること。税制優遇措置が適用される場合もある。

不動産投資に関連する法律

建物の区分所有等に関する法律

区分所有建物（マンションなど）の専有部分や共用部分、管理運営に関するルールを定めた法律。

建築基準法

建物の安全性や衛生面を確保するため、建築物の構造や用途、敷地条件などを規制する法律。

都市計画法

都市の適正な土地利用を図るため、用途地域や開発許可制度などを定める法律。

＊＊＊

不動産投資は、単に物件を購入して保有するだけではなく、継続的な資産運用のサイクルを回すことが重要です。成功している投資家たちは、物件を増やしながら適切なタイミングで売却し、新たな物件へと資産を入れ替えることで、より効率的に資産を成長させています。市場の動向を見極め、売却益を活用して再投資を行うことで、安定した収益を確保しながらリスクを分散し、長期的な資産形成を実現できるのです。

紹介したお二人の具体例を参考に、ぜひこうした投資手法を取り入れながら、ご自身の不動産投資に活かしてみてください。不動産投資において最も重要なのは、「買って終わり」ではなく、資産を増やし、適切なタイミングで売却し、入れ替えていく〝回し方〟を意識すること。これこそが、長期的に成功するための最適解といえるでしょう。

第6章

不動産投資で節税と資産形成を同時にかなえる！

先輩投資家のリアルな声

本書で、私は「東京の中古区分マンション投資こそが、最も安定的で確実な不動産投資の形である」と述べてきました。しかし、本当にそうなのかと疑問を抱く方もいるでしょう。不動産投資に興味があっても、「安定した収益を得られるのか」「リスクはどの程度あるのか」「他の投資手法と比べて優れているのか」といった点が気になるのは当然です。特に、不動産投資は高額な資金が必要になるため、慎重に判断したいと考える人が多いはずです。

インターネットや書籍ではさまざまな投資手法が紹介されており、どの方法が自分に適しているのか迷うこともあるでしょう。中古区分マンション投資についても、「本当に安定した運用ができるのか」「なぜ東京なのか」「複数所有すればリスクを分散できるのか」といった疑問の声が少なくありません。

そこで本章では、実際に東京で中古ワンルームマンション投資を行っている投資家の方々と対談を行い、現場のリアルな声をお届けします。この対談を通じて、東京の中古区分マンション投資が資産形成にどのように役立つのかを、理論だけでなく実践的な視点からも理解を深めていただけるでしょう。実際の投資家の経験を参考にしながら、ご自身の投資戦略を考えてみてください。

対談❶

売却と長期保有のバランスで安定した資産形成を実現

▼Tさん・50代男性・大手保険会社に勤務・既婚（子ども二人）

大石　Tさんと初めてお会いしてから、もう10年以上になるでしょうか。

Tさん　ええ。当時は税金対策に頭を悩ませていました。別の不動産会社から福岡のワンルームマンション投資を勧められていたのですが、同僚の紹介で大石さんと出会って。そこで「東京の中古区分マンションの方が良いですよ」とアドバイ

スをいただいたんです。

大石　そうでしたね。Tさんは最初から慎重でしたよね。初めての物件は実際に見に行かれましたし。

Tさん　**（笑）、珍しかったですか？**

大石　はい。ワンルームマンション投資で実際に物件を見に行くお客様は本当に少ないんです。それだけAさんが真剣に考えていらっしゃったということですね。

Tさん　**そうですね。やはり初めての投資でしたから。でも、あの物件選びは本当に良かった。３年で売却して、しっかりと利益が出ましたからね。**

大石　その経験が次の投資への自信につながりましたね。

Tさん　**ええ。「ちゃんと売れる」という安心感を得られたのが大きかったです。今では10軒持っていますが、全て大石さんにお願いしています。**

大石　ありがとうございます。でも、他の不動産会社からもお声がけはあるのではないですか？

Tさん　**ありますよ。特に売却の勧誘は多いです。でも、私は大石さんの会社以外では売らないと決めています。**

大石　(照れながら) ありがとうございます。そんなAさんには、私が社長に就任した時も温かいお祝いの言葉をいただきまして。

Tさん　**あの時は本当に嬉しかったですよ。若くして社長になられて、これからもっと伸びていくだろうなと。ウナギでお祝いさせていただきましたが、あれは私の気持ちですからね。**

大石　あの時は本当に感激しました。これからもTさんのご期待に添えるよう、精進していきます。ところで、今後の投資計画についてはいかがでしょうか？

Tさん　**そうですね。今持っている物件の中で、特に気に入っているものは長期で保有していきたいと考えています。立地も良く、安定した家賃収入が見込める物件ですから。**

大石　なるほど、私も同感です。あの物件は都心へのアクセスも良く、需要も安定していますからね。

Tさん　**それと、これからの投資計画について少し相談があるんです。私も50代になってきましたから、35年ローンはさすがに難しくなってきました。**

大石　確かにローン審査の年齢制限を考えると、これからの投資戦略は慎重に検討する必要がありますね。

Tさん　**ですから、今後は頭金を多めに入れて返済期間を短くするか、あるいは現金比率を上げて少しずつ物件を取得していくか。まだ具体的な方針は決めかねているんです。**

大石　なるほど。Tさんの場合はすでに10軒の物件をお持ちで、安定した家賃収入もありますから、その収入を活用した投資プランも考えられますね。

Tさん　**そうなんです。今持っている物件からの収入を、新規の投資の頭金に回すことも検討しているんですよ。**

大石　それは良い方法だと思います。特に気に入った物件は長期保有されるとのことでしたが、その他の物件は状況を見ながら売却して、新たな投資の資金に回すことも選択肢の一つかもしれません。

Tさん　**そうですね。年齢のことを考えると、これからは投資の仕方を少し変えていく**

必要がありそうです。でも、大石さんがアドバイスしてくれるなら心強いですよ。

大石

ご信頼いただき、ありがとうございます。私たちも、お客様の年齢や将来設計に合わせた提案ができるよう、しっかりとサポートさせていただきます。

Tさん

大石さんの目利きは本当に確かだと実感しています。最初に東京の中古マンションを勧めていただいた時から、その専門知識の深さには感心していました。

大石

いえいえ、過分なお言葉です。ただ、お客様の状況に合わせて最適な提案をさせていただきたいと思っているだけです。

Tさん

これからもよろしくお願いします。ところで、来週末にゴルフの予定があるんですが、大石さんもご一緒されませんか？

大石　ありがとうございます。ぜひご一緒させていただきたいと思います。その際には、最近の不動産市況についてもお話しできればと。

Tさん　**そうですね。プレー後の19番ホールで、ゆっくり話しましょう。最近の市場動向も気になっていましたから。**

大石　はい、楽しみにしております。これまでの経験や将来の見通しなども含めて、お話しできればと思います。

Tさん　**私も楽しみです。不動産投資を始めて10年近くになりますが、大石さんとの出会いがなければ、ここまでうまくいかなかったと思います。**

大石　そう言っていただけると身が引き締まる思いです。これからも期待を裏切らないよう、精一杯頑張ります。

Tさん　**若いのにしっかりしていますよね。私の部下たちにも見習ってほしいくらいです（笑）。**

大石　ありがとうございます。ただ、まだまだ未熟な点も多いので、これからも研鑽を積んでいきたいと思います。

Tさん　**その謙虚な姿勢がいいんですよ。だから皆さん、信頼されるんだと思います。**

大石　本日は貴重なお時間をいただき、ありがとうございました。来週のゴルフも楽しみにしております。

Tさん　**こちらこそ、ありがとうございました。これからもよろしくお願いします。**

対談❷

多忙でもサポートしてくれる体制のおかげで節税効果を実感

▼Nさん・30代女性・既婚（子ども二人）

大石　Nさんは最初は不動産投資にあまり興味をお持ちではなかったと記憶していますが。

Nさん　そうなんです。私、仕事一筋で生きてきたタイプなので、不動産投資なんて全く興味がありませんでした。でも、大石さんの熱心な説明を聞いているうちに、これは見逃せないなと。特に税金対策として非常に効果的だということを知って、即決しました。

大石　Nさんは意思決定が早いですよね。これまでにワンルームマンションを2軒ご紹介させていただきましたが、いつも的確な判断をされます。

Nさん それは単純に、大石さんを信頼しているからです。私、数字には強い方ですが、不動産に関しては本当に素人。でも、大石さんが提案してくれる物件は必ず理にかなっていて、期待通りのリターンが得られています。

大石 ありがとうございます。ただ、時にはご面倒をおかけすることも……（笑）

Nさん あまりにも仕事が忙しすぎて、連絡が滞ってしまったことですね（笑）。あれは本当に申し訳ありませんでした。結局、大石さんに全部お任せしてしまって。

大石 いえいえ、お役に立てて嬉しかったです。不動産投資は長期的なお付き合いになりますから、このくらいのサポートは当然だと思っています。

Nさん 本当にそうですね。不動産投資を始めてから、税金が劇的に減ったんです。最初の確定申告の時は、これで合っているのかと思うくらい（笑）。

大石　法律に則った正当な税金対策ですからね。特に不動産の減価償却による節税効果は大きいです。

Nさん　**そうなんです！　だから夫にも勧めちゃいました。「こんなに良い話があるなら、あなたもやった方がいいよ」って。**

大石　ご主人様も同じように不動産投資を始められて、お二人とも順調に資産を増やしていらっしゃいますよね。

Nさん　**夫も最初は懐疑的でしたが、私の実績を見て納得してくれました。今では「あの時の決断は正解だった」と言ってくれています。**

大石　お二人ともお仕事で成功されているので、将来の資産形成にも意識が高いですよね。

Nさん **そうですね。でも正直に言うと、不動産投資を始める前は、将来の資産形成についてあまり具体的に考えていなかったんです。仕事で精一杯で。**

大石 不動産投資がきっかけで、長期的な視点を持つようになられたということですか？

Nさん **はい。特に子どもたちの教育資金のことを考えるようになりました。今は2人とも小さいですが、将来の教育にはかなりの費用がかかりますよね。不動産投資による収入は、そういった将来の大きな出費に対する備えにもなっています。**

大石 そうですね。不動産投資の良いところは、長期的に安定した収入が見込めることです。お子様の教育資金としても、とても有効な選択肢だと思います。

Nさん **本当にそう思います。それに、仕事一筋できた私にとって不動産投資は新しい視野を広げてくれました。もちろん今でも仕事は大切ですが、それ以外の面で**

も人生の可能性が広がった気がします。

大石
それを聞けてとても嬉しいです。私たち不動産会社の仕事は、単にお客様に物件を紹介することではありません。お客様の人生をより豊かにするお手伝いをすることだと考えています。これからもNさんご家族のお役に立てるよう、精一杯サポートさせていただきます。

Nさん
はい、ぜひお願いします！　今度は子どもたちの将来のために、新しい物件も検討したいと考えています。

大石
承知いたしました。お子様の教育資金という目的に合わせて、最適な物件をご提案させていただきます。

Nさん
大石さんのおかげで、私の人生は本当に変わりました。仕事以外のことに目を向ける余裕もできましたし、家族の将来についても具体的に考えられるようになったんです。

大石 そう言っていただけて光栄です。これからも末永いお付き合いをよろしくお願いいたします。

Nさん こちらこそ、よろしくお願いします。次回もまた面白い物件の話を聞かせてくださいね。

おわりに

本書をお手に取っていただき、誠にありがとうございます。

近年、私たちを取り巻く経済環境は大きく変化しています。物価の上昇や円安の進行、エネルギー価格の高騰、そして日銀の金融政策変更に伴う住宅ローン金利の変動など、私たちの生活や将来の資産形成に影響を与える要素が次々と現れています。さらに、少子高齢化の加速や年金制度への不安、企業の終身雇用制度の崩壊など、これまで「当たり前」とされてきた社会構造も揺らぎつつあります。こうした状況の中で、「将来のために今何をすべきか」を真剣に考えることが、これまで以上に重要になっています。

特に30代・40代の方々にとって、資産形成を始めるタイミングはまさに「今」ではないでしょうか。働き盛りのこの時期は、収入も安定し、将来に向けた対策を講じる余力がある貴重な期間です。しかし、この「余裕がある今」のうちに適切な対策を取らなければ、将来、経済状況が変わったときに思うような選択ができなくなる可能性もあります。だからこそ、資産を守り、増やすための準備を早めに始めることが重要なのです。

本書では、不動産投資の基礎から実践的なノウハウまでをお伝えしました。しかし、知識を得ることはスタートラインにすぎません。何より重要なのは、この知識を活かして「実際に行動すること」です。

不動産投資の最大の魅力は、その選択肢の広さにあります。新築か中古か、都心か郊外か、どのエリアを狙うか――投資の形は人それぞれです。ただし、ネット上の情報だけで判断するのは難しく、実際に不動産会社に足を運び、専門家の意見を聞くことで初めて見えてくるものがあります。セミナーや相談会への参加、業者への問い合わせ、そして具体的な資産シミュレーションを依頼すること――こうした一歩一歩の積み重ねが、将来の資産形成につながっていくのです。

例えば、投資用物件を手掛ける不動産会社では、自己資金やローンの借入額、家賃収入、運用コストなどをもとに、数年後・数十年後の収支予測を試算してくれます。将来的な金利の変動や修繕費、空室リスクを考慮したシミュレーションを受けることで、具体的なキャッシュフローを把握し、自分の投資計画が現実的かどうかを見極めることができます。

こうしたシミュレーションを活用することで、不動産投資が自分のライフプランに適しているかどうか、より明確に判断できるようになるでしょう。

ただし、これは「今すぐ不動産投資を始めなければならない」という意味ではありません。資産形成の方法は不動産投資だけではなく、株式投資やＮＩＳＡ、ｉＤｅＣｏ、投資信託など、多岐にわたります。人それぞれのライフプランやリスク許容度によって、最適な手段は異なります。本書でお伝えしたのは、不動産投資という選択肢の魅力や可能性であり、それを押しつけるものでは決してありません。大切なのは、自分自身にとって最適な方法を見極め、納得のいく形で資産形成に取り組むことです。そして何より、「将来に向けて、今この瞬間に行動を起こすこと」が、豊かな未来につながる第一歩なのです。

本書が、皆様の資産形成のヒントとなり、より良い選択の助けとなることを心から願っています。

最後になりましたが、本書の執筆にあたりご協力いただいた全ての方々に、心より感謝申し上げます。

２０２５年４月吉日

株式会社アワジス代表取締役　大石啓太

大石啓太（おおいし・けいた）

1985年5月生まれ、埼玉県出身。

2011年、株式会社アワジスに入社。以来投資マンションの営業成績において圧倒的な成果を上げ続け、投資マンションの販売数は数百件にのぼる。資産を最大化する最適な戦略立案を強みとし、顧客の長期的な成功を第一に考えることを信条としている。実践で培った確かな目利きと提案力が評価され、2021年に代表取締役に就任。

不動産投資《ふどうさんとうし》の最適解《さいてきかい》

家賃収入《やちんしゅうにゅう》×節税効果《せつぜいこうか》で手取《てど》り額《がく》を確実《かくじつ》に増《ふ》やす方法《ほうほう》

2025年 4 月24日　初版第 1 刷発行

著　　者　大石啓太
発 行 人　仲山洋平
発 行 元　株式会社フォーウェイ
〒150-0032　東京都渋谷区鶯谷町3-1 SUビル202
電話 03-6433-7585（編集）／FAX 03-6433-7586
https://forway.co.jp
発 売 元　株式会社パノラボ
〒150-0032　東京都渋谷区鶯谷町3-1 SUビル202
電話 03-6433-7587（営業）／FAX 03-6433-7586
企　　画 プロデュース　江崎雄二
編集協力　鈴木健一
編集担当　薛奈愛
カ バ ー デ ザ イ ン　山之口正和＋永井里実（OKIKATA）
本　　文 デザイン・DTP　吉野章（bird location）
校　　正　横川亜希子
印刷・製本　シナノ書籍印刷株式会社

ISBN978-4-910786-09-4